AF327586

NÉGOCIATIONS

AVEC LA RUSSIE

RELATIVES AU

SECOND MARIAGE DE NAPOLÉON

PAR

ALBERT VANDAL

Extrait de la *Revue historique*,
Septembre-Octobre 1890.

(Les tirages à part ne peuvent être mis en vente.)

PARIS
1890

NÉGOCIATIONS

AVEC LA RUSSIE

RELATIVES AU

SECOND MARIAGE DE NAPOLÉON.

PAR

ALBERT VANDAL

Extrait de la *Revue historique*,
Septembre-Octobre 1890.

(*Les tirages à part ne peuvent être mis en vente.*)

PARIS

1890

NÉGOCIATIONS AVEC LA RUSSIE

SECOND MARIAGE DE NAPOLÉON[1]

I.

Dès le jour où Napoléon avait proclamé son pouvoir héréditaire et posé sur son front la couronne d'empereur, il avait senti le besoin d'assurer par un mariage fécond l'avenir de sa dynastie; depuis lors, il agitait périodiquement la question du divorce, sans la résoudre, partagé entre des sentiments contradictoires. Si la politique « qui n'a point de cœur, » la « loi d'airain, » comme il l'appelait, lui commandait une nouvelle union, il éprouvait un déchirement à l'idée de quitter Joséphine, d'éloigner la compagne dont l'affection attentive et dévouée lui était devenue un besoin et à laquelle il avait fait franchir avec lui tous les échelons de la grandeur. Une tendresse très réelle, un lien plus fort encore, l'habitude, et jusqu'à une sorte de superstition l'attachaient à Joséphine; en se séparant d'elle, n'allait-il point du même coup répudier son passé, fait de bonheur et de gloire, et

1. C'est par erreur que Thiers a écrit que « presque toutes les lettres relatives au mariage avaient été détruites. » (*Histoire du Consulat et de l'Empire*, t. XI, p. 358.) Les pièces de la négociation avec la Russie figurent toutes sans exception aux Archives des affaires étrangères, Russie, Supplément, 17. D'autre part, le compte-rendu de plusieurs des conversations tenues avec l'ambassadeur d'Autriche se trouve aux Archives nationales, AF. IV. 1675, où il n'a pas échappé à M. Henri Welschinger (*le Divorce de Napoléon*). Voy. aussi, aux Archives des affaires étrangères, la correspondance de Vienne, 1809-1810.

Une grande partie des documents cités dans l'article de M. Vandal ont été publiés le 10 juin dernier, dans le *Correspondant*, pa. M. P. Bertrand. Nous n'avons pas pensé que la publication de ces pièces, que M. Vandal nous avait communiquées il y a un an et sur lesquelles il nous avait dès lors promis un article, ôtât rien à l'intérêt de son étude. Elle nous a seulement permis d'être plus sobre de citations *in extenso*. (Note de la Rédaction.)

rompre avec la fortune? Il hésitait donc, semblait par moments
sur le point de se résoudre, puis le courage lui manquait; il ajour-
nait alors toute décision, préférait attendre, et la pensée de divorcer se traduisait ainsi chez lui par des velléités intermittentes,
de plus en plus impérieuses et rapprochées, il est vrai, à mesure
que s'écoulaient les années.

Au lendemain de Tilsit, un de ces mouvements s'éleva dans
son âme. A cet instant, tout le poussait à prendre un parti : la
fin d'une campagne difficile, en le délivrant d'immédiats soucis,
le rendait aux longues pensées et aux projets d'avenir : la mort
venait de lui enlever le fils aîné de Louis, l'enfant qu'il appelait
« le petit Napoléon, » et dans lequel il se plaisait à voir un héri-
tier désigné : enfin, pour la première fois, il venait de contracter
avec une grande puissance des liens assez étroits pour que l'idée
de les cimenter par un mariage ne parût pas irréalisable. Joséphine, qui sentait grandir et approcher le péril, avait accueilli
l'empereur avec angoisse : elle se montrait inquiète, défiante. Ce
trouble, altérant sa santé et son caractère, déplaisait à Napoléon, qui n'aimait point autour de lui et proscrivait la tristesse;
l'idée d'une séparation lui en devenait moins amère. Dans l'au-
tomne de 1807, pendant son séjour à Fontainebleau, il songea
certainement au divorce; sa froideur marquée envers l'impératrice, certaines confidences, certains indices semblèrent présager
l   pture[1]

il n'en fallut pas davantage pour mettre en émoi tous ceux
qu'un changement d'impératrice servirait dans leurs intérêts,
leurs passions ou leurs convoitises. Napoléon avait pu vaincre
l'Europe, briser trois coalitions : il n'avait pu chasser l'intrigue
de sa cour. Autour de lui, les Bonaparte et les Beauharnais se
faisaient sourdement la guerre, et cette double influence se per-
sonnifiait en deux femmes. La reine Hortense, estimée et aimée
de l'empereur, plus écoutée que Joséphine elle-même, semblait
aux Beauharnais le meilleur garant de leur fortune. Bonne, gracieuse, possédant des amis sûrs et divers, sachant recevoir et
tenir un salon, elle servait de lien entre les parties d'une société
mal rassemblée, et jouissait à la cour d'un crédit fondé sur la

---

1. *Mémoires de M*ᵐᵉ *de Rémusat*, III, 249-50; *Mémoires de Savary, duc de
Rovigo*, III, 226-229; *Mémoires de Metternich*, II, 140, 143. Dépêche du comte
Tolstoï, ambassadeur de Russie, 7/19 novembre 1807. Archives de Saint-
Pétersbourg.

sympathie. Mais, en 1807, la perte de son enfant venait de briser son cœur : ses chagrins domestiques, sa santé ruinée la faisaient s'effacer, et la princesse Caroline Murat, grande-duchesse de Berg, trouvait le champ libre devant elle pour agir et triompher. Affable, accueillante, magnifique, aimant le plaisir et le voulant autour d'elle, joignant à sa radieuse beauté l'esprit dominateur d'une Napoléon, elle composait peu à peu, groupait autour d'elle et étendait sans cesse un parti hostile à l'impératrice, auquel Fouché allait prêter l'appui de sa remuante activité. Le ministre de la police portait à Joséphine une aversion raisonnée ; il désirait un second mariage parce qu'il y voyait un moyen de rassurer l'Europe, d'assagir l'empereur, de fixer une existence aventurée, de procurer à la France quelques garanties d'avenir, en un mot de consolider le régime auquel se trouvait attachée la fortune de Fouché. Ce personnage avait l'intrigue audacieuse : pour peser sur l'empereur et le déterminer, il imagina tout un plan. Chef de la police, il disposait de l'opinion : il annoncerait lui-même le divorce comme chose arrêtée : il ferait en sorte que la nouvelle en soit accueillie avec faveur, avec enthousiasme, créerait un mouvement des esprits, et, faisant parvenir à Napoléon le témoignage anticipé de la reconnaissance publique, lui persuaderait de la mériter en accédant au vœu de ses sujets; avec une tranquille assurance, il préjugea les résolutions du maître et pensa les brusquer en les publiant par avance.

Ce fut donc dans les salons du ministre de la police, par ses soins, que la nouvelle du divorce fut mise en circulation. Sortie d'un tel lieu, munie de l'estampille officielle, elle ne pouvait manquer de se propager. Après avoir fait le tour de Paris, où elle jeta une vive émotion, elle gagna toutes les parties de l'empire et franchit la frontière. Les ambassadeurs la transmirent à leurs cours; les étrangers de passage en France s'empressèrent de rapporter dans leurs pays cette nouvelle à sensation; les agents de Fouché s'en firent l'écho de toutes parts, et, en un instant, les propos répétés à Paris se répandirent, en s'amplifiant, dans toute l'Europe. Mais nulle part cette semence féconde ne germa mieux qu'en Russie : elle y trouvait en effet un terrain approprié. Le grand acte annoncé n'était pas seulement pour piquer la curiosité des Russes, il risquait de les toucher directement. Si Napoléon divorçait, son nouveau choix se porterait à coup sûr sur une princesse de famille régnante, et la maison de Russie, par son rang, par les rapports d'intimité récemment établis, semblait la seule vers laquelle pussent se tourner ses regards. La demande d'une grande-duchesse apparaissait donc comme la conséquence presque inévitable du divorce, et il était naturel de penser que Napoléon et Alexandre, après s'être déclarés alliés, puis amis, voulussent devenir frères.

Alexandre avait deux sœurs non mariées. La cadette, la grande-duchesse Anne, était une enfant de quatorze ans. La cour et le monde la connaissaient à peine ; frêle et timide, on la voyait parfois, aux côtés de l'impératrice mère, apparaître et passer. Joseph de Maistre la peint d'un mot : « une colombe[1]. » Pour parler de sa sœur aînée, il retrouve le ton galant et maniéré d'un courtisan de l'autre siècle : « Si j'étais peintre, » écrit-il au chevalier de Rossi, « je vous enverrais un de ses yeux ; vous verriez combien la bonne nature y a enfermé d'esprit et de bonté[2]. » Et il semblait que tout Pétersbourg partageât pour Catherine Pavlovna cette admiration enthousiaste. On échappait difficilement au charme de son regard, à l'attrait de sa jeunesse épanouie : en même temps on vantait en elle un cœur digne de son rang, un caractère décidé, impérieux même, une fermeté d'âme au-dessus de son âge ; elle semblait née pour plaire et régner, et, dans sa personne comme dans son nom, les Russes aimaient à retrouver le souvenir de leur grande Catherine[3].

Ce fut cette princesse que l'opinion de Pétersbourg désigna aussitôt pour la future impératrice et reine. La chose étant possible, on la déclara faite : les moindres indices, les plus petites circonstances en parurent l'évidente confirmation. Parmi nos ennemis, les uns s'indignèrent assez haut et crièrent au scandale ; d'autres se sentirent flattés, sans vouloir l'avouer : chez tout le monde, le besoin de parler et le désir de paraître informé l'emporta sur tout autre sentiment. Chacun disait avoir reçu de Paris des nouvelles positives, savoir les projets de Napoléon, ceux de l'empereur Alexandre : on fournissait des détails précis, multipliés, et, pendant quelques semaines, les salons n'eurent pas d'autre sujet d'entretien. Notre ambassadeur en Russie, le géné-

1. *Mémoires politiques et correspondance diplomatique*, publiés par Blanc, p. 346.
2. *Id.*, 318.
3. De Maistre, *op. cit.*, p. 319. Cf. les *Mémoires de la comtesse d'Edling*, p. 70-71.

ral de Caulaincourt, ne pouvait manquer de se faire dans sa correspondance l'écho de ces bruits. Toutefois, n'osant aborder de front si délicate matière, il trouva un moyen d'en instruire indirectement l'empereur. Il recueillait soigneusement et plaçait dans une feuille de *nouvelles,* annexée à chaque dépêche, les propos, les anecdotes qui se débitaient à Pétersbourg au sujet du mariage et les répétait sur le ton impersonnel, sans commentaire, en les passant au chapitre des *on dit;* nous les y voyons figurer à chaque nouveau courrier, sous leur forme frivole ou naïve :

31 décembre. — Les bruits de divorce de Paris se répètent plus que jamais ici... On fait même parler l'empereur Alexandre et la grande-duchesse Catherine; elle aurait dit, sur ce qu'on lui témoignait quelques regrets de la perdre, qu'on ne pouvait en avoir quand on était le gage de la paix éternelle pour son pays et qu'on épousait le plus grand homme qui eût existé.

28 février. — La grande-duchesse Catherine épouse l'Empereur, car elle apprend à danser les contredanses françaises [1].

En présence de cette universelle rumeur, Alexandre et son ministre de confiance, le comte Roumantsof, furent les plus étonnés, mais non les moins émus. Aucune insinuation ne leur était arrivée des Tuileries : à Tilsit, Napoléon n'avait touché mot de divorce ni de mariage; Caulaincourt n'avait reçu mission de faire à ce sujet aucune ouverture. Toutefois on pouvait se demander si les bruits répandus à Pétersbourg avec tant de persistance, venus, on le savait, de source française et officielle, n'étaient pas un moyen de sonder l'opinion et de préparer les voies à une demande. Si cette démarche venait à se produire, elle mettrait le tsar et son conseil dans un grand embarras. Refuser semblait bien difficile, sinon impossible : ce serait porter à l'alliance une atteinte probablement mortelle. D'autre part, s'unir par les liens du sang à un soldat couronné, si éblouissante que fût sa fortune, paraissait bien grave, bien compromettant, peu conforme aux principes des vieilles dynasties, et la cour de Russie ne s'était pas encore faite à l'idée de cette splendide mésalliance. D'ailleurs on risquait de rencontrer, au sein même de la famille impériale, un obstacle difficile à surmonter. L'impératrice mère, Marie Féodorovna, avait reçu de son mari défunt, par un acte de dernière volonté,

---

1. Archives nationales, AF. IV. 1697.

conçu sous forme d'ukase solennel et déposé en lieu sûr et sacré, dans la cathédrale de l'Assomption à Moscou, le pouvoir de disposer souverainement de ses filles, de régler leur avenir et leur établissement : ce titre lui permettait de s'opposer légalement à tout projet de mariage, lui conférait un véritable droit de veto, dont elle ne manquerait pas d'user dans la circonstance, étant donnés ses sentiments connus envers l'empereur des Français. Sans doute, la volonté du souverain régnant formait la loi suprême ; Alexandre pourrait briser toute opposition, mais l'idée de parler en maître à sa mère lui répugnait, et, s'il se réduisait à n'employer que la persuasion et la douceur, on avait à craindre que toutes ses instances n'échouassent devant l'entêtement d'une femme impérieuse et tenace. Quoi qu'il en pût être, il importait avant tout de pénétrer les intentions de l'empereur des Français et de percer ce mystère, afin que l'on pût délibérer sur le parti à prendre, se faire un plan de conduite, tâter le terrain, s'il y avait lieu, auprès de l'impératrice mère, diminuer graduellement ses répugnances et préparer les choses de longue main. Roumantsof écrivit donc au comte Tolstoï, ambassadeur de Russie à Paris, une lettre très confidentielle, anxieuse, pressante, dans laquelle il stimulait tout à la fois le zèle et la curiosité de cet envoyé ; il le suppliait de s'enquérir, de recueillir et de transmettre des informations précises : à tout prix on voulait savoir à quoi s'en tenir. « Je vous prie très instamment, » écrivait le ministre, « de vouloir bien me dire votre propre opinion sur ce projet. Existe-t-il en effet? Y a-t-il apparence qu'il sera fait une telle proposition d'alliance? Ne vous épargnez, je vous en conjure, ni soins ni peines pour me satisfaire sur cet objet[1]. »

Tolstoï, d'après ce qu'il avait vu et recueilli à Fontainebleau, entendu dire à Paris, croyait au divorce : il croyait même à l'intention d'épouser la grande-duchesse. Comme il portait à l'empereur révolutionnaire une haine de vaincu et d'aristocrate, cette idée le faisait frémir d'une sainte horreur, mais, écrivait-il d'un ton douloureux et pénétré, ne vivait-on point dans un « siècle où l'impossible est souvent ce qu'il y a de plus vraisemblable[2]? » Toutefois, quand la lettre de Roumantsof lui arriva, il venait de constater que l'affaire subissait un temps d'arrêt; tout semblait

<hr>

1. Roumantsof à Tolstoï. Archives de Saint-Pétersbourg. La lettre ne porte pas de date.

2. Tolstoï à Roumantsof, 7/19 novembre 1807. Archives de Saint-Pétersbourg.

ajourné, et les manœuvres de Fouché, tournant contre leur auteur, avaient retardé le dénouement qu'elles devaient précipiter.

Après avoir préparé les esprits, mis l'attention en éveil, fait parler le public, Fouché avait risqué une démarche décisive. Il avait osé écrire à l'impératrice, lui insinuant de prendre l'initiative d'une rupture et de s'immoler : c'était le moyen pour elle, disait-il, de s'acquérir à jamais des droits à la reconnaissance de l'empereur et d'obtenir, après le divorce, une compensation brillante. Joséphine, tout en pleurs, était allée trouver l'empereur, non pour lui porter son sacrifice, mais pour demander une explication. Napoléon, pris au dépourvu, n'avait osé saisir cette occasion de parler et de rompre : il avait reculé, avait consolé et rassuré Joséphine, promettant qu'il ferait taire Fouché et le congédierait au besoin ; en effet, il avait durement réprimandé le ministre, puis était parti lui-même pour l'Italie, laissant tout en suspens[1]. Au cours de son voyage, apprenant que le salon du ministre de la police restait le centre d'où partaient tous les dires malséants, il se courrouça de plus belle : non qu'il eût cessé de penser lui-même au divorce (sa conversation à Mantoue avec son frère Lucien prouve le contraire)[2], mais il ne voulait pas que l'on en parlât et que l'opinion s'émût prématurément à ce sujet. Il réitéra donc ses reproches et ses injonctions à Fouché sous une forme accablante : « Je vous ai déjà fait connaître mon opinion, » lui écrivait-il de Venise, le 30 novembre, « sur la folie des démarches que vous avez faites à Fontainebleau relativement à mes affaires intérieures. Après avoir lu votre bulletin du 19, et bien instruit des propos que vous tenez à Paris, je ne puis que vous réitérer que votre devoir est de suivre mon opinion et non de marcher selon votre caprice. En vous conduisant différemment, vous égarez l'opinion et vous sortez du chemin dans lequel tout honnête homme doit se tenir[3]. »

Vertement tancé, Fouché se tut quelques instants, et les bruits de divorce tombèrent[4]. Puis, avec une impudence à peine

1. Voy. l'intéressant récit de ces scènes dans les *Mémoires de Mme de Rémusat*, III, 288-294.

2. *Mémoires de Lucien Bonaparte*, III, 82 et s. Cités par M. Welschinger, 21-23.

3. *Corr.*, 13373. Cf. les n°s 13329 et 13379. Voir aussi Méneval, *Napoléon et Marie-Louise*, I, 213-214.

4. Dépêches de Brockhausen, ministre de Prusse, des 31 janvier et 21 février 1810, publiées par Hassel, *Geschichte der Preussischen Politik 1807 bis 1815*, p. 494 et 496.

croyable, l'incorrigible ministre se remit à désobéir; il se jugeait
assuré de l'impunité finale, car il sentait que le maître, tout en blâ-
mant ses procédés, ne désapprouvait pas entièrement son but et ne
donnerait pas toujours tort aux instigateurs du divorce. En effet,
revenu d'Italie, Napoléon fut ressaisi par la tentation d'en finir.
Cette disposition, promptement remarquée, rendit courage aux
adversaires de l'impératrice, et, à nouveau, la partie se lia fortement entre eux[1]. La princesse Caroline continuait de leur prêter
l'appui de sa situation mondaine; toujours rivale d'Hortense, elle
avait élevé à Paris salon contre salon. Le prince de Talleyrand,
bien qu'il détestât Fouché, se prêtait à appuyer les démarches du
ministre de la police en faveur du divorce, et, sur ce point spécial, consentait à une alliance. Bref, de tous côtés, on circonvint
l'empereur, et bientôt, en le voyant incliner de plus en plus vers
un parti de vigueur, on crut avoir définitivement cause gagnée.
Aussi bien, une crise nouvelle se préparait; mais, de même que
les précédentes, elle n'allait aboutir à aucun résultat. Un soir de
mars 1808, il devait y avoir spectacle aux Tuileries; la cour
entière, réunie dans la salle du théâtre, attendait Leurs Majes-
tés, lorsque le bruit se répandit qu'Elles ne viendraient pas et
qu'une explication décisive s'était engagée. Napoléon, fatigué,
ému, malheureux, s'est couché : il a demandé l'impératrice. Elle
est venue toute parée, prête pour le spectacle, en grand costume
de cour; il l'appelle à ses côtés, laisse éclater ses projets et le
trouble de son âme. Il voudrait que Joséphine demandât elle-
même le divorce; à plusieurs reprises, il ordonne, supplie, s'at-
tendrit successivement, et la nuit se passe ainsi tout entière,
entremêlée de pleurs, de reproches et de fougueuses caresses. Une
plume spirituelle et bien informée a retracé cette scène d'après
les confidences de l'impératrice et nous a donné la version de
Joséphine. Le rapport de Tolstoï à son ministre, écrit d'après les
bruits de cour, ne diffère pas sensiblement de ce récit, si ce n'est
qu'il lui fournit une suite que l'impératrice avait cru devoir passer sous silence. Après avoir raconté que « ses larmes, ses instances, sa fermeté (car on prétend qu'elle en montra beaucoup)
émurent l'empereur, qui ne put rien gagner sur elle, » Tolstoï
ajoute :

1. Brockhausen, 21 février 1808, Hassel, 496. Tolstoï, 6/18 mars 1808. Archives
de Saint-Pétersbourg.

Deux jours après, il revint à la charge sans avoir obtenu davantage... Dans un accès d'emportement, il doit lui avoir dit qu'elle le
forcerait à la fin à adopter ses bâtards. Elle saisit avec promptitude
cette idée et se montra prête à les reconnaitre. Surpris de cette com-
plaisance à laquelle il ne s'attendait pas, il lui en exprima toute sa
sensibilité, protestant qu'après un aussi beau procédé il ne se résou-
drait jamais à se séparer d'elle. Il paraît que les choses en sont res-
tées là. Un propos tenu par M. de Talleyrand à un de ses affidés l'ac-
cuse de n'avoir pas su prendre un parti dans cette circonstance. Quant
à moi, je crains qu'il ne le prenne que trop tôt et que, si l'Impératrice continue à montrer du caractère, il ne se passe de son consentement et ne fasse faire la demande de divorce en son nom[1].

Ainsi, suivant Tolstoï, cette fois encore, le péril n'était qu'a-
journé : il continuait d'exister et pouvait se prononcer d'un jour
à l'autre. D'après ces renseignements, la possibilité d'une demande
entra de plus en plus dans les prévisions et les calculs de la
Russie. On voit alors se manifester à cette cour deux tendances
opposées. L'impératrice mère, instruite du danger, veut y sous-
traire sa fille en la mariant au plus vite : elle cherche un parti.
Alexandre craint que cette précipitation ne paraisse affectée,
désobligeante pour son allié, en présence des bruits répandus de
toutes parts, et ne soit interprétée comme un moyen d'éviter une
demande; peut-être tient-il à se garder le moyen de donner à
Napoléon une preuve irrécusable de sympathie, de confiance, si
les vœux de ce monarque doivent se manifester à bref délai : il
retarde donc l'établissement de sa sœur, et c'est ainsi que l'action officielle du gouvernement vient contrarier les efforts privés
de l'impératrice Marie. Il avait été question dans le temps d'un
mariage entre Catherine Pavlovna et le prince royal de Bavière.
Dans l'été de 1808, le prince Kourakine, ambassadeur de Russie
à Vienne, dont les relations avec le cercle de l'impératrice mère
et avec cette princesse elle-même n'étaient un mystère pour personne, fit prier son collègue de Bavière, M. de Rechberg, de
passer chez lui : il lui montra l'instant venu pour reprendre le
projet. « On s'attend à Pétersbourg, » lui dit-il, « que vous fas-
siez des démarches. » La cour de Munich, fort intriguée, chargea
son représentant à Pétersbourg, M. de Bray, de voir le comte
Roumantsof et d'éclaircir l'affaire. Aux premiers mots de l'en-

1. Tolstoï à Roumantsof, 6/18 mars 1808. Archives de Saint-Pétersbourg.

voyé bavarois, Roumantsof manifesta un grand étonnement :
informations prises, il fit répondre que c'était l'impératrice mère,
et non le cabinet, qui avait autorisé le prince Kourakin à dire
« que cette alliance, qui avait paru convenable autrefois, ne le
paraissait pas moins aujourd'hui, et que les liaisons qui unis-
saient le roi de Bavière à l'empereur Napoléon, allié de la Russie, étaient même une raison de plus pour la désirer. » Le ministre
russe se hâta d'ajouter que, « l'affaire n'ayant pas été plus acti-
vement poussée à l'époque des premiers pourparlers, il ne voyait
pas de raison pour la renouer actuellement et qu'il pensait qu'il
fallait regarder tout cela comme non avenu[1]. » La cour de Bavière
se le tint pour dit et s'enferma aussitôt dans une réserve absolue.
Mais, à défaut de ce parti, l'impératrice mère songea à s'en procurer d'autres. On parla tour à tour d'un prince de Cobourg,
d'un archiduc ; enfin on vit arriver en Russie le prince Georges
de Holstein-Oldenbourg, passé récemment au service du tsar.
En lui donnant un grand gouvernement, ne pouvait-on en faire
un parti sortable pour Catherine Pavlovna? Sa personne offrait
peu d'agrément. « Le prince est laid, chétif, couvert de boutons, »
écrivait Caulaincourt ; « il articule avec peine[2]. » En comparaison
de la princesse accomplie qu'on lui destinait, « les demoiselles de
Pétersbourg ne le trouvaient pas assez aimable[3]. » Mais l'impératrice préférait pour sa fille un tel mari et la vie de province en
Russie au premier trône de l'univers, s'il lui fallait le partager
avec un usurpateur. Toutefois, si avant que parût le prince dans
les bonnes grâces de la vieille tsarine et dans l'intimité de la
famille impériale, le mariage resta en suspens, et, lorsque l'empereur parut à Erfurt, la main de sa sœur demeurait libre.

A Erfurt, Napoléon n'apportait pas encore de résolution arrêtée, mais seulement la tendance, plus prononcée depuis un an, à
laquelle il résistait et cédait tour à tour. L'occasion lui parut
propice pour se précautionner du côté de la Russie. Il n'avait
nullement l'intention de demander dès à présent ou de se faire
proposer la princesse Catherine ; mais il n'eût pas été fâché que

1. Lettre du chevalier de Bray à Caulaincourt, 28 août 1808. Lettre de Caulaincourt à Champagny, 4 septembre 1808. Archives des affaires étrangères,
Russie, 147.

2. Caulaincourt à l'empereur, 23 novembre 1808. Archives nationales, AF. IV.
1697.

3. Joseph de Maistre, *Mémoires politiques et correspondance diplomatique*, 318.

la Russie se mît à sa disposition et s'obligeât, pour le cas où le
divorce s'accomplirait, à lui tenir en réserve une grande-duchesse.
Son désir était de lier Alexandre sans s'engager lui-même, d'obtenir quelques paroles qu'il pût rappeler et faire valoir au besoin
comme une offre positive. Sa fierté lui interdisant toute avance,
il voulait qu'Alexandre parlât le premier; il le fit provoquer par
Talleyrand et Caulaincourt. S'adressant successivement à l'un et
à l'autre, il alla jusqu'à leur suggérer la manière de poser la
question, les arguments à faire valoir auprès du tsar pour le
déterminer à parler : « l'affaire du divorce était d'intérêt euro-
péen; un nouveau mariage contribuerait à calmer l'ardeur guer-
rière dont on s'effrayait, ferait aimer à l'empereur *son chez
lui.* » Toutefois, vis-à-vis même de ses familiers, dans son orgueil
sans bornes, il ne voulait avoir l'air de rechercher personne; s'il
jugeait la démarche utile, disait-il, c'était qu'il y voyait un
moyen d'éprouver Alexandre : « C'est pour voir s'il est réelle-
ment de mes amis, s'il prend un véritable intérêt au bonheur de
la France, car j'aime Joséphine, jamais je ne serai plus heureux;
cet acte serait pour moi un sacrifice. » Et cependant, ajoutait-il,
sa famille, ses conseillers le lui demandaient; on le sollicitait de
toutes parts, on s'inquiétait de l'avenir; « on croit la France en
viager sur ma tête!..... Au fait un fils serait bien utile. » En
effet, que deviendrait l'Empire si l'empereur lui manquait? Pour
lui succéder, ses frères ne convenaient pas; il savait que certaines
personnes pensaient à Eugène, à une adoption, « mauvais moyen
pour fonder une dynastie. » Et peu à peu, se découvrant davantage, il en vint à poser quelques questions sur les grandes-
duchesses. Caulaincourt fit observer que l'aînée seule était en
âge de se marier, et encore ne répondait-il pas du consentement
de la famille impériale. La différence de culte serait un obstacle,
et les princesses russes changeaient difficilement de religion; on
en avait eu la preuve quelques années auparavant, quand un
projet d'union entre le roi de Suède et la fille aînée de Paul Iᵉʳ
avait échoué pour cette cause. Un haussement d'épaules fut la
seule réponse à cette observation, qui parut déplaire souverainement à l'empereur. Qu'avaient à faire avec lui les traditions, les
usages; allait-on comparer son alliance à celle d'un prince quel-
conque? Au reste, se hâta-t-il d'ajouter, il ne pensait pas plus à
une grande-duchesse qu'à aucune autre; son parti n'était pas
pris; son désir était uniquement de savoir si l'on approuvait le

divorce à la cour alliée, si cet acte ne choquerait point les pré-
jugés des Russes, ce qu'en pensait personnellement Alexandre.
Toutefois ses interlocuteurs crurent comprendre que sa pensée
dépassait ses paroles, et que la certitude d'être agréé à Pétersbourg pourrait déterminer ou avancer sa décision[1].

Alexandre, tâté discrètement par Talleyrand et Caulaincourt,
ne se refusa pas à la démarche qu'on lui demandait; c'était un
moyen de tirer au clair une situation embarrassante. Il parla
donc, exprima à l'empereur le désir éprouvé par ses plus fidèles
sujets, partagé par ses meilleurs amis, de lui voir consolider par
un nouveau mariage son œuvre et sa dynastie. Napoléon accueil-
lit cette ouverture comme une marque d'attachement, s'y montra
sensible, et la possibilité d'une alliance de famille fut envisagée
entre les deux monarques. Toutefois, préoccupé avant tout d'éviter ce qui pourrait ressembler à un engagement, Napoléon se
tint constamment dans le vague, rejetant le divorce et ses suites
possibles parmi les éventualités de l'avenir. L'entretien placé sur
ce terrain, il ne fut pas question de la grande-duchesse Catherine,
dont l'âge appelait un établissement prochain; le nom de sa
jeune sœur fut seul et légèrement prononcé. Alexandre, rassuré
pour le présent, très heureux, au fond, qu'on ne l'obligeât pas à
prendre de suite un parti, qu'on lui laissât le temps de voir com-
ment tournerait l'alliance politique, n'insista pas autrement, et
la conversation prit fin sans conclure. Huit jours après le retour
du tsar dans sa capitale, le mariage de Catherine Pavlovna avec
le duc d'Oldenbourg était officiellement annoncé[2]. Si Napoléon
eût demandé cette princesse, il est probable qu'Alexandre n'eût
osé la lui refuser, sauf à négocier le consentement de sa mère (il
avait formellement indiqué cette réserve dans son entretien avec
Caulaincourt). Napoléon renvoyant tout à un avenir peut-être
éloigné et la plus jeune princesse, dont l'âge se prêtait mal à un
engagement immédiat, se trouvant seule en cause, Alexandre
s'était abstenu de toute parole susceptible de lui être opposée
comme un acquiescement anticipé à une demande incertaine.
En somme, les propos d'Erfurt, entourés de mutuelles réticences,
avaient eu l'inconvénient d'engager l'affaire du mariage sans
qu'il y eût, d'une part, volonté arrêtée, de l'autre, désir sincère

1. Documents Inédits. Cf. Thiers, IX, 334-339.
2. Caulaincourt à Champagny, 23 novembre 1808. Archives nationales, AF. IV.
1697. De Maistre, 318.

de la faire aboutir ; ils avaient créé une question de plus entre les
deux empereurs, la plus délicate de toutes, et n'en avaient ni
déterminé ni même facilité la solution[1].

II.

Treize mois après Erfurt, au retour de la campagne de 1809,
Napoléon se décidait enfin à divorcer. Ayant pris cette résolution, avant de la mettre à effet, il avisa aux moyens de s'assurer
un second mariage. Il voulait que les deux impératrices se suc-
cédassent sans transition et qu'une princesse de sang royal appa-
rût immédiatement à ses côtés, aux yeux de la France et du
monde, dans la place que le départ de Joséphine laisserait vacante.
Sa première pensée se porta alors vers la sœur d'Alexandre, et
diverses raisons expliquent cette tendance. A Pétersbourg, depuis
l'entretien d'Erfurt, on était prévenu ; une demande ne surpren-
drait point ; sur ce terrain déjà préparé, il semblait que tout irait
plus facilement et plus vite qu'ailleurs. Sans doute les résultats
de la campagne de 1809, succédant à des causes plus anciennes
de dissentiment, avaient gravement compromis l'entente politique. Le grand-duché de Varsovie, accru par la dernière paix
avec l'Autriche, apparaissait de plus en plus aux Russes comme
une Pologne renaissante et ranimait toutes leurs défiances ; en
créant cet état, le traité de Tilsit avait introduit dans l'alliance
franco-russe un germe de destruction qui se développait rapide-
ment. De son côté, Napoléon invoquait contre le tsar des griefs
sérieux et justifiés ; il lui reprochait avec amertume d'avoir tenu
pendant la dernière campagne une conduite équivoque et de
n'avoir fait à l'Autriche qu'un simulacre de guerre. Néanmoins
il comprenait l'utilité de prolonger avec la Russie un accord au
moins apparent, qui le garantirait contre la révolte de l'Europe,
tandis qu'il continuerait sa lutte avec l'Angleterre. Se sentant
plus isolé à mesure qu'il devenait plus redoutable, il essayait de
se rattacher la Russie, à tout le moins de la neutraliser. Or,
après ce qui s'était passé à Erfurt, s'il ne demandait pas tout
d'abord à cette cour la future impératrice, s'il s'adressait ailleurs

<hr>

1. Documents inédits. Cf. les pièces 16210 et 16341 de la *Correspondance de
Napoléon*, ainsi que la lettre de Champagny à Caulaincourt en date du 22 no-
vembre 1809 et celle de Caulaincourt à Champagny en date du 3 janvier 1810.
Archives des affaires étrangères, Russie, Supplément, 17.

avant d'avoir pressenti plus sérieusement Alexandre, il manquerait à une obligation de convenance et risquerait de froisser un monarque ombrageux ; au contraire l'alliance de famille, si l'on parvenait à la conclure, pourrait opérer dans les rapports politiques une rénovation au moins passagère. Dans ce but, tandis que Napoléon laisse négocier à Pétersbourg une convention par laquelle il s'engagera à ne point concourir au rétablissement de la Pologne, il se décide à reprendre avec le tsar l'affaire du mariage ; sans vouloir encore s'engager irrévocablement, aliéner tout à fait sa liberté, il prescrit, non pas une demande en règle, mais une insinuation formelle qui lui permettra de savoir définitivement à quoi s'en tenir sur les dispositions d'Alexandre.

Le 23 novembre 1810, M. de Champagny, ministre des relations extérieures, écrivait en toute confidence à M. de Caulaincourt, toujours ambassadeur en Russie, la lettre suivante :

Minute de la main du duc de Cadore [1].

Paris, le 22 novembre 1809 [2].

Monsieur l'ambassadeur,

Vous connaissez les instances faites depuis longtemps auprès de l'Empereur par les hommes les plus attachés à sa personne et aux grands intérêts de la dynastie. Ces démarches ont été longtemps infructueuses ; cependant tout me porte à penser qu'après avoir mûrement réfléchi sur la situation de la France et de sa famille, l'Empereur va enfin se décider à divorcer. Sa Majesté s'en est ouverte à moi seul, ce qu'elle a été obligée de faire pour m'ordonner de vous écrire la présente lettre que j'ai chiffrée moi-même.

Des propos de divorce étaient revenus à Erfurth aux oreilles de l'empereur Alexandre, qui doit en avoir parlé à l'Empereur et lui avoir dit que la princesse Anne, sa sœur, était à sa disposition. L'Empereur veut que vous abordiez franchement et simplement la question avec l'empereur Alexandre et que vous lui parliez en ces termes : « J'ai lieu de penser que l'Empereur, pressé par toute la France, se

---

1. M. de Champagny portait le titre de duc de Cadore.

2. Une partie de cette lettre a été publiée par Thiers, XI, 310, et par Bignon, *Histoire de France*, IX, 64-65. Ce dernier auteur a donné aussi quelques extraits de la lettre du 13 décembre 1809. Nous rétablissons les deux pièces dans leur teneur intégrale, ce qui nous paraît nécessaire pour permettre d'en apprécier la portée respective : elles figurent aux Archives des affaires étrangères, Russie, Supplément, 17, de même que toutes celles que nous citons par la suite sans indication spéciale.

dispose au divorce. Puis-je mander que l'on peut compter sur votre sœur? Que Votre Majesté y pense deux jours et me donne franchement sa réponse, non comme à l'ambassadeur de France, mais comme à une personne passionnée pour les deux familles. Ce n'est pas une demande formelle que je fais, c'est un épanchement de vos intentions que je sollicite. Je hasarde cette démarche, parce que je suis trop accoutumé à dire à Votre Majesté ce que je pense pour craindre qu'elle me compromette jamais. »

Vous n'en parlerez sous quelque prétexte que ce soit à M. de Romanzoff, et lorsque vous aurez eu cette conversation et celle qui doit la suivre deux jours après, vous oublierez entièrement la communication que je vous fais.

Il vous restera à nous faire connaître les qualités de la jeune princesse et surtout l'époque où elle peut être en état de devenir mère; car dans les calculs actuels six mois de différence sont un objet.

Je n'ai pas besoin de recommander à Votre Excellence le plus inviolable secret : elle sent ce qu'elle doit à cet égard à Sa Majesté.

Dans les jours qui suivent l'envoi de cette dépêche, les événements se précipitent à Paris et le dénouement s'opère de lui-même. Joséphine a pressenti son sort; elle craint de savoir et elle veut savoir; ses pleurs, ses angoisses, ses questions torturent l'empereur et avancent le terme d'une situation intolérable. Le 30 novembre, Napoléon laisse échapper le fatal secret, et aussitôt éclate la scène célèbre qui met dans cette époque de fer un rappel de sentiments humains et touchants. Joséphine est brisée de douleur; Napoléon lui prodigue ses soins et sa tendresse, mais se raidit contre sa propre émotion, sait la surmonter et demeure inexorable[1]. Apaisée et conseillée par son fils, Joséphine se résigne enfin, consent à faire la première démarche, et jour est pris pour le prononcé solennel du divorce par voie de senatus-consulte. La rupture consommée, Napoléon sent plus impérieusement le besoin de hâter sa nouvelle union. Il prend son parti; il épousera la grande-duchesse Anne, si cette princesse est en état de devenir mère. Il n'hésite plus à s'engager avec la Russie, à se fermer tout retour en arrière, et donne pouvoir à Caulaincourt, non seulement pour négocier, mais pour conclure.

Le 13 décembre, il dicte à Champagny, pour l'ambassadeur, la lettre suivante :

---

1. Thiers, XI, 341 et suiv., d'après Baussct. Helfert, *Marie-Louise*, Vienne, 1873, p. 74.

Paris, le 13 décembre 1809.

Monsieur l'ambassadeur,

Je vous ai fait connaître les projets de l'Empereur par ma lettre chiffrée de novembre.

Depuis ce temps le vice-roi est arrivé; l'Impératrice, convaincue de la grandeur des circonstances et de l'urgent besoin de l'État, a été la première à faciliter le divorce. Tout me porte donc à penser que vendredi prochain un sénatus-consulte prononcera la dissolution du mariage de l'Empereur, par consentement mutuel. L'Impératrice conserve son rang, son titre et un douaire convenable. Placé sur les lieux comme vous l'êtes, Monsieur, l'Empereur s'en rapporte absolument à vous sur ce qu'il convient de faire. Vous devez donc agir d'après ces trois données positives [1] :

1° Que l'Empereur préfère, si vous n'avez pas d'objection qui puisse faire changer son opinion, la sœur de l'empereur de Russie d'abord;

2° Que l'on calcule ici les moments, parce que, tout cela étant une affaire de politique, l'Empereur a hâte d'assurer ses grands intérêts par des enfants;

3° Qu'on n'attache aucune espèce d'importance aux conditions, même à celles de la religion.

Vous avez donc en ce moment toute la latitude nécessaire pour vous conduire avec la prudence qu'exige la circonstance, et pour avancer, s'il y a lieu, sans plus de retardement. Il serait donc très fâcheux que la réponse que vous ferez à cette lettre nous laissât dans l'incertitude, et soit que cette affaire dût manquer par le résultat des renseignements que vous aurez acquis et sur lesquels l'Empereur s'en rapporte à vous, soit qu'elle dût manquer par des refus de volonté de la part de la cour de Russie, le principal est que, s'il y a lieu, on puisse aller en avant. Dans toutes vos combinaisons, partez du principe que ce sont des enfants qu'on veut. Expliquez-vous donc, agissez donc en conséquence de la présente lettre qui a été dictée par l'Empereur. Sa Majesté s'en rapporte absolument à vous, connaissant votre tact et votre attachement à sa personne.

Le colonel Gorgoly [2] sera expédié lundi, jour auquel les pièces seront dans le *Moniteur*. L'Empereur désire savoir absolument avant la fin de janvier à quoi s'en tenir [3].

---

1. M. Welschinger, qui cite cette phrase et les dix lignes suivantes (p. 35), écrit *données primitives*, au lieu de *données positives*, ce qui change le sens.

2. Officier russe, envoyé à Paris pour porter des dépêches diplomatiques.

3. Le 17 décembre, Champagny, adressant à Caulaincourt les pièces officielles relatives au divorce, ajoutait ces lignes : « L'envoi que j'ai l'honneur de vous faire du *Moniteur* de ce jour vous prouvera la nécessité d'une réponse prompte

On remarquera les termes formels et péremptoires de cette lettre. Pourvu que la Russie se décide promptement et ne le fasse pas attendre, Napoléon est prêt à subir toutes les conditions qu'il plaira à cette cour de lui imposer; il passe sur la différence de culte, et, à ce moment, la question religieuse n'existe pas à ses yeux. Sa seule réserve porte sur l'âge et l'état physique de la jeune princesse, et encore se refuse-t-il à cet égard tout pouvoir d'appréciation. C'est à Caulaincourt, guidé par son tact et son zèle, qu'il appartiendra de s'éclairer, de consulter et de statuer; l'ambassadeur reçoit procuration pour marier son maître, sous sa propre responsabilité.

Quelque porté que fût l'empereur à épouser la princesse russe, il ne se refusait pas à admettre le cas où cette alliance manquerait par suite de circonstances indépendantes de sa volonté. Si cette éventualité venait à se produire, il importait qu'elle ne le prît pas au dépourvu et qu'une autre princesse fût immédiatement appelée à remplacer celle que la Russie ne voudrait ou ne pourrait lui offrir. C'était chez Napoléon une habitude constante, invariable, chaque fois qu'il concevait un projet, d'imaginer en même temps et de tenir en réserve une autre combinaison susceptible de se substituer à la première, en cas d'insuccès : « Je fais toujours, disait-il, mon thème de plusieurs façons[1]. » Formulant à Pétersbourg une proposition ferme, il ne jugeait pas inutile de se prémunir contre un refus ou une réponse évasive et de sonder discrètement d'autres cours.

Parmi les familles régnantes, deux seulement, la Saxe et l'Autriche, pouvaient fixer son attention. La première possédait la considération à défaut de l'éclat; c'était une grande maison, sinon une grande puissance; sa fidélité semblait éprouvée. Soit qu'on l'eût provoquée, soit qu'elle eût pris les devants, on sut très vite qu'elle tenait à notre disposition la fille du souverain régnant, la princesse Marie-Auguste[2]. C'est à tort toutefois que certains conseillers de l'empereur, mal instruits de la situation extérieure, voyaient dans cette union un parti neutre, point compromettant, partant fort recommandable; il eût eu une couleur anti-russe très prononcée. Le roi de Saxe était en même temps

et décisive à mes deux lettres chiffrées des 22 novembre et 13 décembre. L'Empereur l'attend avec impatience. »

1. Cité par M. Taine, *Revue des Deux-Mondes*, 15 février 1887, p. 749.
2. Champagny à Caulaincourt, 31 janvier 1810.

2

grand-duc de Varsovie, souverain de ces Polonais dans lesquels on voyait à Pétersbourg de dangereux ennemis et l'avant-garde de l'invasion ; il est difficile d'admettre que Napoléon ait songé sérieusement à un mariage qui eût pu le priver définitivement d'une alliance de premier ordre, sans lui en procurer une autre.

A vrai dire, si la Russie faisait défaut, il ne pouvait être question que de l'Autriche. Vaincue et accablée, la maison d'Autriche n'en conservait pas moins ce prestige d'un glorieux passé, ce lustre traditionnel que le malheur ne détruit pas et que la victoire elle-même est impuissante à donner. Depuis dix-huit ans, il est vrai, elle figurait pour nous l'irréconciliable ennemie, passant tour à tour d'un antagonisme déclaré à une hostilité latente, et le traitement qu'elle avait subi après sa dernière prise d'armes n'était point pour l'apaiser et la ramener. Toutefois, dans le courant de décembre, on crut reconnaître à de sérieux indices que l'Autriche ne se déroberait pas dans la circonstance présente, si l'on venait à elle, et que l'empereur François ne refuserait pas la main de sa fille, l'archiduchesse Louise. Un Français, M. Alexandre de Laborde, qui avait servi pendant la Révolution en Autriche, où il avait conservé d'intéressantes relations, après avoir joué dans la dernière paix un rôle assez actif, était demeuré momentanément à Vienne ; le 29 novembre, il eut avec le comte de Metternich, appelé récemment au ministère, un entretien dont il fit ainsi le rapport :

Parmi les moyens d'union et d'harmonie des deux pays, M. de Metternich glissa dans la conversation le mot d'alliance de famille et, après des circonlocutions et des détours diplomatiques, il a exprimé plus ouvertement sa pensée : « Croyez-vous, me dit-il, que l'Empereur ait jamais eu l'envie réelle de divorcer d'avec l'Impératrice? » Je ne m'attendais pas à cette question, et, dans l'opinion qu'il n'avait conçu cette alliance que relativement à une princesse de la famille impériale de France, je répondis quelques mots vagues pour le laisser s'expliquer. Il revint sur cette question et parla de la possibilité d'un mariage de l'empereur Napoléon avec une princesse de la maison d'Autriche. « Cette idée, dit-il, est de moi, je n'ai point sondé les intentions de l'Empereur à cet égard, mais, outre que je suis comme certain qu'elles seraient favorables, un tel événement aurait tellement l'approbation de tout ce qui a quelque fortune, quelque nom, quelque existence dans ce pays, que je ne le mets point en doute, et que je le regarderais comme un véritable bonheur pour nous et

une gloire pour le temps de mon ministère..... » Ayant rencontré
M. de Metternich le lendemain, ajoute Laborde, il me renouvela
encore les mêmes assurances[1].

Peu de semaines après, au sortir de l'un des derniers cercles
tenus par l'impératrice Joséphine aux Tuileries, le sénateur
Sémonville avait l'occasion d'échanger avec M. de Floret, conseil-
ler à l'ambassade d'Autriche, des paroles remarquables; admettant comme fait le mariage russe, dont tout le monde s'entretenait,
M. de Floret s'étonna et s'affligea que l'on n'eût point songé à sa
cour, dont il garantissait les dispositions : « Puis-je regarder
comme certain ce que vous venez de me dire? répliqua Sémonville. — Vous le pouvez. — Parole d'ami? — Parole d'ami[2]. »
Informé de ces insinuations, l'empereur pensa à les utiliser.
Le 16 décembre, après la cérémonie de rupture, tandis que Joséphine se retirait à la Malmaison, il se rendait lui-même à Trianon, où il allait se mettre en retraite et passer les premiers
instants de son court veuvage. Le soir du même jour, causant
avec le duc de Bassano, « en se mettant au lit[3], » il prescrivit
d'ouvrir quelques pourparlers avec le prince de Schwartzenberg,
ambassadeur d'Autriche, en y mettant toutefois de l'adresse et
beaucoup de circonspection ; « il faut, dit-il, engager l'ambassadeur sans m'engager[4]. » Ce mot livre le secret de sa politique
et illumine d'une lueur rapide le fond même de sa pensée. Ce qu'il
veut de l'Autriche, c'est qu'elle tienne à sa disposition, pour ainsi
dire, un parti de rechange, et il s'agit d'amener cette puissance
à nous offrir ce que nous n'avons pas à lui demander, en présence des démarches tentées d'autre part. Napoléon n'engageait
pas un double jeu ; il n'entendait point négocier parallèlement et
sur le même pied tant à Vienne qu'à Pétersbourg, afin d'assurer
et de réserver la liberté de son choix. En décembre 1809, ce choix

1. Archives des affaires étrangères, Vienne, 383. Le rapport n'est pas signé,
mais il est incontestablement de Laborde, ainsi que le prouve la dépêche en
date du 25 décembre 1809, dans laquelle Metternich rend compte de la conversation. (*Mémoires*, II, 313-314.) Seulement le ministre autrichien prétend que
c'est Laborde qui a parlé le premier de mariage. M. Wertheimer (*Archiv für
Œsterreichische Geschichte*, Vierundsechzigster Band, Erste Hälfte, 509) cite
en allemand quelques passages du rapport.

2. *Maret, duc de Bassano*, par le baron Ernouf, 272. Cf. *Revue historique*,
XII, 222.

3. *Id.*, 273.

4. *Id.*, 274.

est fait ; s'étant prononcé pour la Russie, l'empereur ne s'occupe de l'Autriche qu'éventuellement ; il ne veut s'assurer de la seconde qu'à titre de précaution contre une défaillance possible de la première[1]. Et la différence qu'il met entre les deux négociations achève de se révéler par sa manière de les conduire. Tandis que Caulaincourt, agissant en vertu d'instructions positives, va parler officiellement, en termes clairs et pressants, on ne procédera avec le représentant de François II que par allusions, à l'aide de moyens détournés, et tout se passera en conversations officieuses : on traite avec la Russie, on ne veut que causer avec l'Autriche.

III.

Par un concours de circonstances, la négociation subsidiaire s'engagea avant l'action principale. Pour aller de Paris en Russie, un courrier mettait en moyenne quinze à vingt jours ; Caulaincourt, choisi pour intermédiaire comme personnellement agréable aux deux souverains, ne reçut sa première instruction que dans le milieu de décembre ; à ce moment Alexandre voyageait dans l'intérieur de son empire ; il ne reparut dans sa capitale qu'à la fin du mois ; quinze autres jours se trouvèrent perdus. Avec l'Autriche, il était plus facile de s'aboucher ; on agissait auprès de son représentant à Paris ; on négociait chez soi, et, d'autre part, l'ambassadeur pouvait, en douze jours, consulter son gouvernement et recevoir une réponse. L'entente avec le prince de Schwartzenberg, dans la forme spécifiée par l'empereur, put donc être rapi-

---

1. Il est vrai que, le 22 décembre, Cambacérès, demandant aux membres de l'officialité de Paris l'annulation du lien religieux, leur disait : « Il (l'Empereur) est dans l'intention de se marier et veut épouser une catholique. » (Welschinger, 84-85.) Mais, en présence de la lettre écrite à Caulaincourt le 13 et confirmée le 17, il est impossible de croire à la sincérité de ces paroles. D'ailleurs, le 22, on était loin encore d'être sûr de l'Autriche ; les pourparlers avec Schwartzenberg ne commencèrent qu'à la « fin de décembre 1809, » d'après la mention portée sur le manuscrit qui en rend compte aux Archives nationales (AF. IV, 1675). Il est, au contraire, très naturel de supposer que Napoléon ou Cambacérès, demandant aux membres de l'officialité une décision qui embarrassait leur conscience, engageait leur responsabilité, ait voulu leur faire croire que la fin justifierait les moyens et qu'ils contribueraient, par leur docilité, à placer une catholique sur le trône de France : c'était un argument *ad homines*.

L'annulation du mariage religieux, particulièrement utile en vue de l'éventualité autrichienne, l'était dans tous les cas. La Russie elle-même l'eût exigée ; l'impératrice mère exprima formellement des scrupules à cet égard.

dement menée. M. de Laborde, à raison des confidences qu'il avait reçues à Vienne, fut choisi comme porteur de paroles; durant les mois de décembre 1809 et de janvier 1810, il vit plusieurs fois Schwartzenberg, soit dans le monde, soit en particulier[1]; dans chacune de ces entrevues, le grand objet fut mis sur le tapis. Laborde trouva l'ambassadeur très bien disposé, passionné même pour la chose, mais sceptique sur le résultat, croyant au mariage russe; il ranima ses espérances, caressa son rêve et lui glissa « qu'il serait b n qu'il se tînt prêt à tout événement[2]. » Champagny lui-même, dans une audience donnée au prince le 12 janvier, laissa entendre que le choix de l'empereur n'était point fixé et mit quelque affectation à parler de l'archiduchesse Louise[3]. D'autres personnes enfin furent employées, et ce furent les dernières que l'on se fût attendu à voir intervenir; on sait les ouvertures que Joséphine laissa faire par la reine de Hollande et fit elle-même à Mme de Metternich dans les premiers jours de janvier 1810[4]. Avant même de connaître cet incident, la cour de Vienne, toujours experte en fait de diplomatie matrimoniale, avait prévu l'hypothèse d'une demande et s'était mise à même d'y faire face; elle avait autorisé Schwartzenberg, pour le cas où l'empereur songerait à l'archiduchesse Louise, « loin de rejeter cette idée, à la suivre, à ne point se refuser aux ouvertures qui pourraient lui être faites[5]. » L'empereur François posait bien certaines réserves, mais de pure forme; en réalité, un scrupule unique l'arrêtait, c'était la crainte que le lien religieux entre Napoléon et Joséphine n'eût point été dissous; or, la déclaration de l'officialité de Paris venait de lever cet obstacle. Dans ces conditions, Schwartzenberg crut pouvoir accentuer son langage, et, dans le milieu de janvier, en se référant tant aux paroles de l'ambassadeur qu'à de nouvelles assurances venues directement de Vienne et transmises par M. de Narbonne, on acquit aux Tuileries la certitude que l'Autriche n'attendait qu'une demande positive pour prononcer son adhésion et faire éclater ses sentiments.

1. Welschinger, 70-81. Helfert, 83 et suiv. *Maret*, 274. Werthelmer, 510 et suivants.
2. Welschinger, 75.
3. Id., 137-138. Helfert, 83-85.
4. *Mémoires de Metternich*, II, 314-317.
5. *Id.*, 313.

Cette facilité charma l'empereur : elle dépassait probablement ses prévisions : peut-être répondait-elle à ses désirs présents. L'union avec la fille des Césars germaniques lui offrait des côtés plus brillants que le mariage moscovite lui-même et pouvait lui procurer des avantages politiques égaux. Dès qu'il avait conçu quelque espoir d'être agréé à Vienne, un revirement s'était-il produit dans ses dispositions intimes; s'était-il senti attirer vers l'Autriche par une secrète et orgueilleuse prédilection ? A mesure que cette puissance témoignait plus d'empressement, il semble bien que les inconvénients de l'autre parti, que l'empereur s'était dissimulés au début, se soient découverts à ses yeux. Regretta-t-il alors de s'être engagé précipitamment envers la Russie; en vint-il à désirer que cette dernière lui fournît un motif ou un prétexte pour se reprendre? Il est permis de le croire, sans qu'on puisse l'affirmer. En effet, en admettant que l'attitude de l'Autriche ait interverti les préférences, elle ne modifia nullement les résolutions prises. Se considérant toujours comme lié avec Pétersbourg, Napoléon évite de prononcer ailleurs aucune parole compromettante : Schwartzenberg ne reçoit aucun encouragement officiel et continue à considérer le mariage russe « comme plus que vraisemblable[1]. » En fait la Russie tenait son sort entre ses mains, et si, dans le délai imparti par la lettre du 13 décembre, c'est-à-dire avant la fin de janvier, on eût appris que l'accord s'était fait entre le tsar et notre ambassadeur, rien n'autorise à penser que Napoléon eût retiré la parole donnée en son nom[2]. Cependant les jours, les semaines s'écoulaient, la fin de janvier arrivait sans apporter du Nord la réponse attendue, et ces délais, formant contraste avec la bonne grâce de l'Autriche, commençaient à éveiller chez l'empereur un peu d'impatience.

Les premières réponses de Caulaincourt arrivèrent enfin le 26 janvier, sous forme de deux longues dépêches que l'ambassadeur, par un billet annexe, priait le ministre de déchiffrer en personne[3]. Dans la première, Caulaincourt communiquait les résultats

---

1. Helfert, 86.

2. Revenu de Trianon le 26 décembre 1809, à l'un des cercles de cour tenus par lui aux Tuileries, il demandait encore à Savary de lui indiquer, parmi les dames présentes, celle qui ressemblait le plus à la grande-duchesse Anne. (*Mémoires du duc de Rovigo*, IV, 269.)

3. Certains passages de ces dépêches ont été donnés par Bignon.

de son enquête sur la grande-duchesse Anne : ils étaient relativement satisfaisants :

Votre Excellence sait par l'almanach de la cour, disait l'ambassadeur, que mademoiselle la grande-duchesse Anne n'entre dans sa seizième année que demain 7 janvier : c'est exact. Elle est grande pour son âge et plus précoce qu'on ne l'est ordinairement ici ; car, au dire des gens qui vont à la cour de sa mère, elle est formée depuis cinq mois. Sa taille, sa poitrine, tout l'annonce aussi. Elle est grande pour son âge ; elle a de beaux yeux, une physionomie douce, un extérieur prévenant et agréable, et, sans être très belle, a un regard plein de bonté. Son caractère est calme, on la dit fort douce ; on vante plus sa bonté que son esprit. Elle diffère entièrement sous ce rapport de sa sœur qui passait pour impérieuse et décidée. Comme toutes les grandes-duchesses, elle est bien élevée, instruite. Elle a déjà le maintien et l'aplomb d'une princesse nécessaires pour tenir sa cour. Une réflexion générale, c'est que le sang qui coule dans les veines de la famille impériale est beaucoup plus précoce que celui des Russes. A en juger par la chronique de la cour, la nature s'y développe de bonne heure. Les fils tiennent en général de leur mère et les filles de l'empereur Paul. Quant à la constitution, les princesses ont l'air et le tempérament secs. Mademoiselle la grande-duchesse Anne fait exception à cette règle ; elle tient comme ses frères de sa mère ; tout annonce qu'elle en aura le port et les formes. On sait que l'Impératrice est encore maintenant, malgré ses cinquante ans, un moule à enfants [1].

Fort de ces renseignements et de ces précédents, Caulaincourt s'était cru en droit de parler au tsar et de lui demander la main de sa sœur. La réponse avait été plus gracieuse que satisfaisante : Alexandre avait affirmé sa bonne volonté, mais s'était retranché derrière l'obstacle qu'il avait déjà mis en avant :

Pour moi, avait-il dit, cette idée me sourit ; même, et je vous le dis franchement, dans mon opinion, ma sœur ne peut mieux faire. Mais vous vous rappelez ce que je vous ai dit à Erfurt. Un ukase ainsi que la dernière volonté de mon père donnent à ma mère la libre et entière disposition de l'établissement de ses filles. Ses idées ne sont pas toujours d'accord avec mes vœux ni avec la politique, pas même avec la raison. Si cela dépendait de moi, vous auriez ma parole avant de sortir de mon cabinet, car, je vous le dis, cette idée me sou-

1. Caulaincourt à Champagny, 3 janvier 1810.

rit. J'y penserai et je vous donnerai, comme vous le désirez, une réponse, mais il faut me laisser dix jours au moins.

Le surlendemain de cette entrevue, Caulaincourt avait été désagréablement impressionné en constatant que, malgré la discrétion recommandée au tsar, le comte Roumantsof avait été admis au secret et se montrait défavorable : « Un mariage est pour moi, disait-il à notre envoyé, une pierre dans le chemin ; feuilletez l'histoire, vous verrez qu'ils ont toujours refroidi plus que resserré l'alliance. L'humeur contraire à la femme se témoigne à la famille. » De son côté, Alexandre n'avait encore osé parler à sa mère ; il témoignait d'un extrême embarras, soulevait des objections ; la question religieuse lui semblait grosse de difficultés. Caulaincourt ayant répliqué qu'elle n'en soulevait aucune, que la grande-duchesse serait admise à pratiquer son culte : « Mais, dit Alexandre, aura-t-elle son prêtre, sa chapelle, prendrez-vous à cet égard un engagement écrit ? » — « Oui, » répondit l'ambassadeur. Battu sur ce terrain, Alexandre se replia sur un autre : « Pourquoi n'avoir pas demandé dans le temps la grande-duchesse Catherine : son esprit, son caractère, son âge, tout était plus sortable pour vous? » Et il semblait qu'il cherchât à dégoûter l'empereur de son projet, en insistant « sur les petites tracasseries de famille qui pourraient en résulter, à cause du caractère de la mère qui avait fait de ses filles des êtres tellement dans sa dépendance que même celles mariées depuis des années lui écrivaient chaque jour. » Au reste, ajouta-t-il en se voyant serré de plus près, il parlerait, ferait de son mieux, serait personnellement heureux de tenir à Napoléon par un lien de plus : « S'il en résulte quelques inconvénients, ce seront des embarras pour les diplomates : vous aurez fait la chose, vous ne pourrez donc vous en plaindre. »

Les pourparlers avec l'impératrice douairière avaient enfin commencé entre le 3 et le 5 janvier ; Alexandre en avait immédiatement transmis à Caulaincourt les premiers résultats, qui formaient le sujet de la seconde dépêche. Marie Féodorovna avait bien accueilli les ouvertures de son fils ; elle ne repoussait point le projet en principe, ce qui était un grand point, mais demandait qu'on lui laissât le temps de réfléchir et de consulter. Elle avait écrit à sa fille Catherine, établie à Tver, pour avoir son avis : tout portait à croire que la réponse serait favorable. Alexandre avait bon espoir, mais ne pouvait rien brusquer, n'étant lui-même

que simple négociateur ; conclusion : demande d'un nouveau délai
de dix jours. Au reste, ajoutait le tsar, Napoléon n'avait pas à
craindre que sa dignité fût compromise ; en ami fidèle, Alexandre
se gardait de le mettre en cause, ne parlait qu'en son propre nom
et « comme d'un projet que les circonstances actuelles pouvaient
amener. » — « Je ménage, disait-il, la délicatesse de l'empereur
Napoléon comme je voudrais qu'on ménageât la mienne en pareil
cas. Si la chose ne peut s'arranger, il est certain que personne n'en
parlera jamais. » Et il avait soin d'ajouter : « L'empereur Napoléon
n'est encore engagé à rien, pas même avec moi. » Malgré cette
réticence de mauvais augure, Caulaincourt ne désespérait pas du
succès ; il le désirait si vivement qu'il s'efforçait d'y croire ; surtout, il avait confiance dans la sincérité d'Alexandre : « J'ai lieu de
penser, » disait-il dans la lettre d'envoi, « que le retard de certaines
affaires ne tient qu'aux causes qu'on m'indique[1]. »

A la lecture des dépêches de Russie, Napoléon reçut une impres-
sion toute contraire. « Je connais les Grecs[2], » disait-il en parlant
d'Alexandre, qu'il jugeait peu sincère, enclin à dissimuler, passé
maître dans l'art de la diplomatie dilatoire ; mais lui-même, dans
ses rapports avec le tsar, ne se privait point d'opposer la finesse
italienne à la duplicité byzantine. Dans le cas présent, lisant à
travers les faits, retenant, comparant, groupant les circonstances rapportées par l'ambassadeur, remarquant l'affectation du
tsar à s'abriter et à se dérober derrière sa mère, à faire intervenir son ministre, à se ménager des échappatoires, il en conclut
qu'Alexandre organisait une habile mise en scène pour éluder la
demande, sans la décliner ouvertement. La Russie, pensa Napoléon, se ménageait des prétextes pour l'éconduire, et il trouva —
ce fut sa propre expression — que « l'on avait bien joué à Pétersbourg pour *filer un refus*[3]. » C'est cette pensée qui le domine
désormais et va régler sa conduite. « Trop fier et trop fin, nous
dit Maret, pour laisser aller la scène jusqu'au bout[4], » il se met
en mesure d'éviter le refus qu'il prévoit en se retirant le premier,
et il prépare aussitôt son évolution vers l'Autriche. Seulement il
ne lui plaît point que ce changement de front soit attribué aux
difficultés survenues à Pétersbourg et que le mariage autrichien

1. Caulaincourt à Champagny, 6 janvier 1810.
2. Documents inédits.
3. *Maret, duc de Bassano*, 271.
4. *Id.*

apparaisse comme le parti forcé : le public doit attribuer le choix
de l'empereur à des considérations plus hautes, y voir une détermination librement et mûrement concertée, y contribuer lui-même
en l'approuvant et en le ratifiant par avance.

Dans ce but, Napoléon admet et provoque un mouvement des
esprits : il saisit, pour ainsi dire, l'opinion. En décembre, il n'a
consulté personne pour se décider en faveur de la Russie : il
demande aujourd'hui des avis, interroge son entourage, témoigne
quelque embarras, fondé sur le nombre et la grandeur même
des partis qui s'offrent de toutes parts; il laisse complaisamment
discuter les raisons qui diminuent la valeur de l'alliance russe
et qu'il avait tout d'abord écartées, l'âge de la princesse, son
développement imparfait, la nécessité d'admettre aux Tuileries
un prêtre étranger; il laisse vanter au contraire les avantages
de l'alliance autrichienne; enfin il tient avec son frère Louis,
son beau-fils, les grands dignitaires, les principaux ministres,
un conseil de famille et de gouvernement. Un récit magistral
a fait revivre cette scène[1] : « Je puis épouser, » dit l'empereur
en ouvrant la séance, « une princesse de Russie, d'Autriche,
de Saxe, de l'une des maisons souveraines d'Allemagne, ou bien
une Française; il ne tient qu'à moi de désigner celle qui fera
son entrée aux Tuileries en passant sous l'Arc de Triomphe[2], »
et il proclame d'autant plus la liberté de son choix qu'il la sent
en fait lui échapper. Puis, après avoir provoqué les membres du
conseil à une libre consultation, laissant Cambacérès et Fouché
parler en faveur de la Russie, Eugène, Talleyrand, Maret prendre

---

1. Thiers, XI, 368 à 373. Toutefois l'auteur, qui écrit d'après les mémoires
inédits de Cambacérès, reconnaît que l'archichancelier a confondu par erreur
en un seul les deux conseils qui furent tenus successivement sur le même sujet.
On ne saurait donc accepter sans aucune réserve le tableau de la première
séance, tel qu'il figure dans l'*Histoire du Consulat et de l'Empire*. Cf. le récit
de Helfert, 87-88. Thiers place le premier conseil à la date du 21 janvier, Helfert, d'après les dépêches de Schwartzenberg, à celle du 28. Cette dernière
nous paraît la seule vraisemblable. En effet, un mémoire conservé aux Archives
nationales, signé de l'ancien émigré Pellenc et écrit le 1ᵉʳ février, parle de
l'émotion que le conseil tenu aux Tuileries répand dans la société « depuis
trois jours, » ce qui correspond à la date du 28 janvier. De plus, dans une
lettre du 6 février (*Corr.*, n° 16210), Napoléon parle du conseil tenu « il y a
peu de jours, » ce qui s'appliquerait difficilement à la date déjà éloignée du
21 janvier. Ce fait a son importance : il prouve que l'empereur n'a laissé mettre
en discussion le mariage autrichien qu'après la réception des premières nouvelles de Russie, arrivées le 25.

2. Helfert, 87.

le parti de l'Autriche, Lebrun plaider la cause de la Saxe, il conserve lui-même l'impassibilité majestueuse d'un arbitre, d'un juge maître de ses décisions et appelé à statuer avec une pleine indépendance. Cependant, quand les avis ont été exprimés, il lève la séance sans clore la discussion et ne prononce pas encore son arrêt. Aussi bien, il n'est pas impossible, après tout, que Caulaincourt ait vu juste, que le tsar travaille sincèrement à triompher de sa mère, qu'un second envoi apporte le consentement de la Russie et annonce la conclusion de l'affaire : avant de prendre définitivement parti, Napoléon attend de voir plus clair dans les dispositions d'Alexandre et veut que des renseignements nouveaux soient venus confirmer ou démentir ses soupçons[1].

IV.

Le 5 février au soir, on remit à M. de Champagny un second courrier de Russie : il comprenait encore deux dépêches chiffrées, accompagnées d'un billet en clair. Ayant lu ce dernier, Champagny le communiqua sur-le-champ à l'empereur avec l'observation suivante : « Le billet ci-joint de M. le duc de Vicence[2] fera connaître à Votre Majesté que ce courrier ne lui apporte pas encore la nouvelle décisive qu'Elle désire[3]. » Le ministre passa ensuite la nuit à déchiffrer les deux dépêches et y lut que les pourparlers avec l'impératrice mère continuaient sans aboutir : la correspondance de l'ambassadeur n'était que le bulletin de cette négociation, d'après la version d'Alexandre : en voici les principaux passages :

Pétersbourg, le 15 janvier 1810.

Monsieur le duc,

Cette dépêche ne rend compte à Votre Excellence que de ce que l'Empereur m'a dit le 10. Il me parla des difficultés de sa négociation, difficultés d'autant plus grandes, me dit-il, que, n'abordant la question qu'en mon nom, et ménageant sur cela la délicatesse de l'Empereur, comme je vous l'ai promis, je ne puis presser la réponse autant que je le désirerais.....

---

1. Le 31, Champagny, accusant réception à Caulaincourt de ses dépêches, ajoutait : « On désirerait des renseignements plus étendus ; on espère les recevoir par votre premier courrier. Ils sont nécessaires pour être en état de prendre un parti avec connaissance de cause..... »

2. M. de Caulaincourt avait reçu en 1808 le titre de duc de Vicence.

3. Archives nationales, AF. IV. 1698.

On en cause trois heures chaque jour... L'Empereur presse, disant
qu'il faut qu'il puisse répondre si le hasard faisait qu'on vînt à lui
en parler. On raisonne, ce qu'on attendait guère, mais on est encore
indécis. On paraît d'accord sur les avantages politiques; les objections roulent sur l'âge. On convient que Mlle la grande-duchesse est
nubile, qu'il y en a eu des marques prononcées, quoique légères.
On cite les deux aînées : la Palatine, mariée à seize ans, qui est
morte, dit-on, pour l'avoir été trop jeune ; la princesse de Mecklembourg aussi. L'empereur Napoléon peut-il avoir des enfants ?
demande-t-on. L'empereur Alexandre affirme que oui.

L'Empereur m'a parlé du mariage religieux ; il m'a demandé si on
l'avait fait casser. J'ai répondu que cela était inutile, l'autre n'ayant
été qu'un acte civil. L'Empereur m'a dit qu'il faisait l'impossible pour
décider sa mère : « Je sers l'empereur Napoléon comme un ami; si je
réussis, je vous assure que je croirai avoir fait la négociation la plus
difficile, car ce ne sont pas des raisons que l'on a à combattre et aux-
quelles on en oppose d'autres; c'est un esprit de femme, et le plus
déraisonnable de tous. Je ne me décourage pas, parce que je crois la
chose avantageuse pour tous, parce que ce sera un lien de plus pour
l'alliance. Je n'en ai pas besoin, mais je serais heureux de penser que
mes successeurs respecteront notre ouvrage, se feront les alliés de
votre dynastie, comme je suis celui de son grand fondateur... »

Pétersbourg, le 21 janvier 1810.

Monsieur le duc,

Rien n'étant encore décidé, je rends compte à Votre Excellence de
ce qui s'est passé depuis ma lettre du 13. Le 20, l'Empereur daigna
m'entretenir des nouveaux efforts qu'il avait faits pour amener une
détermination. Il y a eu comme précédemment des conférences chaque
jour. L'Impératrice ne met aucune opposition réelle, mais en même
temps, et par une suite naturelle de son caractère, elle ne sort pas de son
indécision. La jeunesse, qui avait, dans le principe, amené quelques
réflexions, est même une difficulté qu'on met moins en avant.....
On approuve les formes du divorce, on les loue même. En un mot,
on paraît pencher pour le projet, mais, par suite de cette indécision
de caractère, de cette faiblesse féminine qui croit échapper à l'embarras d'un choix délicat en l'ajournant, on ne se décide pas.....

..... L'Empereur, qui a bien voulu me donner, pour moi, a-t-il dit,
tous ces détails et me parler encore du désir qu'il avait de voir ce
projet se réaliser, daigna ajouter qu'il ferait de nouvelles et fortes
instances pour une prompte décision. Tout se passe en son nom, de
manière que personne ne pense qu'il en ait été question même de lui

à moi. J'ai eu l'honneur de dire à l'Empereur que, d'après les dispositions qu'annonçait l'Impératrice, je croyais pouvoir l'autoriser à aller même un peu plus loin, s'il fallait absolument une espèce de confidence de sa part pour la décider à prendre un parti. L'Empereur m'a répondu qu'il préférait, n'étant pas sûr de la discrétion de sa mère, ménager entièrement l'amour-propre de l'empereur Napoléon, qu'il faudrait quelques jours de plus pour cela, mais qu'il y avait tout avantage pour le succès à ne pas trop presser l'Impératrice, et, pour l'empereur Napoléon, en ce que ce secret resterait avec lui si la chose ne réussissait pas.

Ces pièces achevèrent d'éclairer l'empereur et finirent son indécision. Il y vit le témoignage évident des intentions évasives d'Alexandre. Désormais il n'hésite plus : considérant que les délais apportés à le satisfaire préparent une réponse négative et suffisent d'ailleurs à le dégager, il se juge entièrement libre de se reporter vers un parti qui lui plaît davantage peut-être et qui, dans tous les cas, le vengera magnifiquement des dédains de la Russie. Cette revanche qu'on lui offre à Vienne, il met maintenant une ardente précipitation à la saisir : pour échapper au fâcheux effet d'un mariage manqué, il en improvise un autre; il veut qu'en vingt-quatre heures tout soit terminé avec l'Autriche, et au refus qu'il pressent du côté de la Russie, qu'il juge inévitable, imminent, qu'il voit venir, il se hâte d'opposer une défection anticipée et préventive.

Les dépêches de Caulaincourt avaient été mises sous ses yeux dans la matinée du 6. Dans l'après-midi, par circonstance fortuite, le prince de Schwartzenberg avait été invité à une chasse de cour; pendant la journée, il fut averti de rentrer à son hôtel et d'y attendre une communication importante[1]. A six heures du soir, il vit entrer le prince Eugène. En peu de mots, le viceroi lui exposa que l'empereur avait jeté son dévolu sur l'archiduchesse, se tenait prêt à l'épouser, mais y mettait une condition : c'était que l'on conclurait sans désemparer et que le contrat serait signé dans quelques heures. Tout ajournement serait considéré comme un refus, et la volonté du maître se porterait ailleurs. Cet avis éveilla chez l'ambassadeur un tumulte de sentiments divers. S'il éprouvait une joie profonde à la pensée qu'une occurrence inespérée s'offrait pour finir les malheurs de l'Autriche,

____
1. Helfert, 90.

garantir l'existence et relever la fortune de cette monarchie, l'engagement soudain et irrévocable qu'on exigeait de lui exposait gravement sa responsabilité. Sa cour lui avait permis de ne point se dérober à des avances matrimoniales, de laisser prévoir une acceptation, mais elle n'avait jamais pensé qu'on le mettrait brusquement en demeure de se lier par écrit, avant d'avoir pris de nouveaux ordres, et elle avait négligé de le munir de pouvoirs en conséquence; Schwartzenberg était autorisé à tout, sauf à signer. « Jamais ambassadeur, » a raconté Eugène, « ne se trouva dans une situation plus cruelle; je le voyais se démener, suer à grosses gouttes, faire d'inutiles représentations[1]. » A la fin, parvenu à ce tournant décisif de sa carrière, Schwartzenberg jugea qu'il est des moments où un diplomate avisé doit payer de résolution et jouer délibérément son avenir : il se déclara prêt à signer. Eugène se hâta de rapporter la nouvelle aux Tuileries, où l'empereur l'attendait, paraît-il, avec une extrême impatience. « Dès que le mot oui sortit de ma bouche, » a dit le prince, « je vis le grand homme se livrer à une joie tellement impétueuse et folle que j'en demeurai stupéfait[2]. » Cette scène a été rapportée par Eugène en 1814, à Vienne, pendant le congrès, à la comtesse Edling, amie de Capo d'Istria et confidente de la coalition; nous la trouvons relatée dans ses mémoires. Si l'on songe à la situation présente des deux interlocuteurs, au lieu et à la date de leur conversation, on peut supposer que le récit a été fait ou transmis avec une exagération peu favorable au conquérant vaincu. Néanmoins, nous ne ferons pas de difficulté d'admettre que la satisfaction de l'empereur ait été forte et exubérante; elle était tout à la fois absolue et relative : l'union avec la fille des Habsbourg le grandissait encore, le légitimait presque aux yeux de l'Europe; et, d'autre part, il se sentait désormais assuré, garanti, contre les suites du mauvais vouloir de la Russie.

Sans perdre de temps, le soir même, on assembla à nouveau le conseil extraordinaire qui avait été réuni quelques jours auparavant : il importait que le choix de l'empereur, acquis en fait, parût sortir d'une imposante délibération. La question fut posée de manière à préjuger et à décider par avance la réponse; les quatre dépêches de Caulaincourt furent lues en entier, et, témoi-

1. *Mémoires de la comtesse Edling*, 192-193.
2. *Id.*, 194.

gnant du peu d'empressement de la Russie, réduisirent au silence ses derniers partisans. D'ailleurs la volonté du maître avait transpiré, et chacun de renchérir sur les raisons qui avaient pu la déterminer. Les exigences de la Russie par rapport à la religion furent signalées comme humiliantes, de nature à étonner et à blesser la nation : « On a relevé, » écrivait Champagny, « les inconvénients d'une religion qui a son calendrier spécial et l'inconvenance qu'il y aurait à voir l'impératrice se livrer aux plaisirs du carnaval lorsqu'il serait passé pour toute la France et ne pas partager avec l'empereur les solennités du premier jour de l'an[1]. » Après beaucoup d'observations du même genre et un débat de pure forme, le mariage autrichien fut voté, pour ainsi dire, d'acclamation.

A l'issue de la séance, Champagny reçut l'ordre d'envoyer sur-le-champ à Schwartzenberg, malgré l'heure avancée, un court billet pour le prier de passer chez lui le lendemain dans la matinée[2]. Le lendemain, à l'heure dite, l'ambassadeur se présentait, heureux tout à la fois et résigné, et l'on dressait le contrat, en prenant pour modèle celui de Louis XVI. Après avoir signé sous réserve de ratification, Schwartzenberg expédia l'acte à l'empereur François, avec des lettres où il s'excusait d'avoir de sa propre initiative marié la fille de son maître[3]. Le même jour, Napoléon dictait une longue instruction pour régler et accélérer le mariage par procuration, le voyage et la remise de l'archiduchesse. Il calculait que le contrat serait à Vienne le 13 et que la ratification pourrait être connue à Paris le 21. Le prince de Neufchâtel, désigné comme ambassadeur extraordinaire à l'effet de demander officiellement la main de Marie-Louise, partira le lendemain et, voyageant comme un courrier, arrivera à Vienne six jours après. Le mariage par procuration aura lieu le 2 mars. « La princesse achèvera le carnaval à Vienne et en partira le 7 avril, jour des Cendres. On arrangera les choses de manière qu'elle puisse arriver vers le 26 à Paris[4]. » L'empereur entre dans les plus petits détails, fait demander à Vienne « un soulier et une robe de l'archiduchesse » comme modèles, afin que l'on prépare sans retard le trousseau, et c'est seulement au lendemain du jour où il a pris

---

1. Champagny à Caulaincourt, 8 février 1810.
2. *Corr.*, 16211.
3. Helfert, 354, 358.
4. *Corr.*, 16218.

ces mesures et dressé ce programme qu'il songe à se procurer par
son ambassadeur en Autriche des renseignements sur la princesse objet de son choix[1]. Heureusement, notre représentant à
Vienne, le comte Otto, bien qu'il n'eût reçu aucune confidence,
s'était mis à même, en homme prévoyant, de satisfaire une curiosité éventuelle : dès les premiers jours de février, il avait sollicité
de rendre ses devoirs à l'archiduchesse Louise et avait envoyé,
à tout hasard, le compte-rendu de son audience avec ses impres-
sions sur la princesse. « Je l'ai trouvée seule avec sa gouver-
nante, » écrivait-il le 6, « mais en très grande toilette. Cette
princesse, âgée de dix-huit ans, est grande et bien faite ; elle a
le maintien noble, une physionomie agréable, de la grâce et une
expression de douceur et d'affabilité qui inspire la confiance. Elle
paraît avoir joui d'une éducation très soignée ; elle chante, elle
est très forte sur le piano, et elle peint à l'huile. J'ai tourné la
conversation sur ces différents arts et elle en a parlé avec beaucoup d'intelligence et surtout avec cette modestie qui embellit la
jeunesse[2]. »

1. Champagny à Otto, 7 et 8 février 1810. Archives des affaires étrangères,
Vienne, 1810.

2. Otto à Champagny, 6 février 1810. Vienne, 1810. M. Helfert, p. 90, place à
la date du 6 l'arrivée du courrier de Russie, dans l'après-midi du 7 la tenue du
conseil aux Tuileries, puis la démarche d'Eugène auprès de Schwartzenberg,
suivie immédiatement de la signature du contrat entre l'ambassadeur et le
ministre des relations extérieures. Or, par son billet précité, p. 27, Champagny
nous apprend que les lettres de Caulaincourt sont arrivées le 5. Par une dépêche
du 8, il fait savoir que le conseil s'est tenu « dans la nuit du 6 au 7, » qu'à l'issue il a écrit au prince de Schwartzenberg pour l'engager à se rendre chez lui,
et qu'il vient de signer avec lui le contrat ; enfin, dans une dépêche subsé-
quente à Caulaincourt du 17 mars, il rappelle qu'il s'est rencontré pour la première fois avec l'ambassadeur d'Autriche « dans la matinée du 7. » Dans ces
conditions, comme il est matériellement impossible que la démarche d'Eugène,
qui a incontestablement précédé la rencontre entre le ministre et l'ambassadeur, ait eu lieu entre la fin du conseil, terminé le 6 fort tard, et la matinée
du 7, c'est-à-dire en pleine nuit (plusieurs témoignages s'accordent d'ailleurs
pour la placer à six heures du soir), il faut admettre qu'elle s'est passée anté-
rieurement au conseil, et que Napoléon, avant de faire ratifier son choix en
consulte solennelle, avait eu soin de s'assurer du consentement définitif de l'Autriche. D'ailleurs, une lettre portant la date du 6, citée par Helfert, qui l'attri-
bue à Laborde et qui est obligé de la supposer mal datée, place au jour même
où elle a été écrite, c'est-à-dire au 6, l'avis donné à Schwartzenberg pendant
la chasse et qui a précédé immédiatement la visite d'Eugène. Étant donnés ces
divers témoignages, nous avons cru pouvoir établir l'ordre des faits de la
manière suivante : le 5, arrivée du courrier de Russie ; dans l'après-midi du 6,

V.

En même temps qu'il s'assurait de l'archiduchesse avec une promptitude toute militaire, Napoléon se composait une attitude envers la Russie. Il avait jugé les sentiments de cette puissance d'après de simples présomptions, avant d'avoir reçu aucune réponse formelle ou même implicite à une demande qui le liait vis-à-vis d'elle. Alexandre, qui continuait d'affecter un grand zèle pour la réussite du projet, qui disait y consacrer tous ses soins, admettrait-il que l'empereur eût repris sa parole sans qu'on la lui eût rendue ; ne verrait-il point dans ce procédé une infraction aux égards que se devaient deux souverains officiellement alliés et amis ? Son irritation ne se traduirait-elle point par un détachement plus complet ? L'alliance politique, qui demeurait momentanément utile, survivrait-elle à cette nouvelle épreuve ? Pour ménager les susceptibilités d'Alexandre, Napoléon évita de l'avertir brusquement et gradua ses communications. Dès le 6 au soir, tout se trouvant réglé en principe, Champagny recevait l'ordre de rédiger pour Caulaincourt et de faire partir, « avant de se coucher[1], » une première dépêche : elle porterait la date du 5 et serait censée écrite avant la détermination finale. On y laisserait pressentir, sans l'annoncer encore, l'abandon du projet primitif ; on insisterait sur les circonstances de force majeure qui en rendaient la réalisation difficile, l'âge de la princesse, son état physique ; on signalerait le fâcheux effet produit en France par les exigences religieuses de la Russie, par sa lenteur à se résoudre ; on montrerait l'empereur impatient de céder au vœu de la France, pressé par l'opinion de prendre un parti, toujours fidèle aux souvenirs d'Erfurt, mais se sentant délié par les délais mis à lui répondre, « non d'un engagement, puisqu'il n'y en a jamais eu, mais d'une obligation de tacite honnêteté que lui imposait son amitié pour l'empereur Alexandre[2]. » Cette dépêche préparatoire expédiée, on la fit suivre d'une autre écrite par

démarche d'Eugène, puis, dans la soirée, conseil et délibération fictive ; enfin, le 7 au matin, entrevue entre Schwartzenberg et Champagny au sujet du contrat, qui est établi séance tenante et expédié à Vienne le lendemain.

1. *Corr.*, 16211.
2. *Corr.*, 16210.

Champagny le 7 et que l'on data du 8, afin d'augmenter l'intervalle apparent entre les deux envois. Dans cette seconde lettre, le ministre notifiait à Caulaincourt, c'est-à-dire à la Russie, le choix de « l'Autrichienne[1], » en accompagnant cet avis d'explications appropriées. Il développait les arguments qui avaient prévalu devant le conseil et indiquait tous ceux qui devaient motiver en apparence le parti adopté; en même temps, pour l'instruction personnelle de l'ambassadeur, il lui signalait les raisons qui en fait avaient surtout déterminé l'empereur, à savoir le dépit que lui avaient causé les atermoiements de la Russie et la signification dilatoire qu'il leur avait attribuée.

Dans la réalité, écrit le duc de Cadore, et ce que je dis là est pour vous, l'Empereur croit avoir à se plaindre de l'empereur Alexandre, non à cause du refus, mais du délai, de ces délais qui ont fait perdre un temps si précieux et qui l'aurait toujours été quand, au lieu d'avoir à remplir le vœu de tant de millions d'hommes et à les tranquilliser sur leur avenir, il n'eût été question que de mettre un terme à la monotonie de l'intérieur actuel de Sa Majesté. Dans de telles circonstances, on devait à l'Empereur de lui répondre en 36 heures, ou au plus dans deux jours, ce qui était le terme indiqué dans ma première lettre.....

La Russie n'a pas mis à profit une circonstance très importante pour elle, ce n'est point la faute de l'Empereur. Il faut aussi convenir qu'à mesure que le moment décisif est venu, on a été frappé plus vivement de la considération de l'âge et de celle de la différence de religion. Quelle distance pour l'objet qu'on a en vue de quinze ans à plus de dix-huit! Et que d'inconvénients sont attachés à cet éloignement que peuvent mettre entre deux époux deux religions différentes, toutes les deux exclusives, surtout lorsque l'une d'elles, chargée de pratiques et de superstitions, est étrangère à l'empire! Et ce sera la compagne de l'Empereur et la souveraine de la France qui n'aura ni la religion de son époux, ni celle d'aucun de ses sujets!

Vous devez vous rendre chez l'Empereur et lui faire connaître ces événements que vous motiverez : 1° sur les obstacles qui sont venus de la Russie et que vous n'attribuerez pas à l'empereur Alexandre et qui ont eu cependant cet inconvénient de laisser dans l'indécision jusqu'à ce moment sur un mariage qui pourrait être fait aujourd'hui

1. *Corr.*, 16211.

si l'on avait voulu se presser; 2° sur le jeune âge de madame la grande-duchesse et l'observation faite sur la cause de la mort prématurée de l'archiduchesse palatine et de la princesse de Mecklembourg; 3° sur la demande relative au prêtre grec, demande qui a été jugée inadmissible.

En résultat, le mariage avec l'archiduchesse ne changera rien à la politique; vous êtes chargé d'en donner l'assurance la plus positive. Nous sommes portés à croire qu'il donnera plus de force à notre alliance avec la Russie, il ajoute à notre empressement de la resserrer, et peut-être qu'à ce lien politique viendront se joindre dans la suite des liens de famille qui n'auront pas l'inconvénient que l'on a entrevu dans cette circonstance. Combien l'Empereur a regretté qu'on se fût si pressé de marier la grande-duchesse Catherine à un prince qui ne pouvait ni l'honorer, ni procurer à la Russie aucun avantage !

Mettez douceur, discrétion, prudence dans vos communications, accompagnez-les de protestations convenables, elles ne seront pas démenties. Éloignez tout ce qui pourrait blesser, mais faites sentir qu'après vous avoir demandé des délais successifs de dix jours, vous parler le 20 et ne plus fixer aucun terme pour vous répondre a dû paraître une défaite qui obligeait à prendre un parti.

En donnant cette interprétation aux paroles hésitantes de la Russie, en y découvrant les préliminaires d'un refus, Napoléon avait-il bien vu, et l'événement allait-il lui donner tort ou raison? Sur ce point, la correspondance ultérieure de Caulaincourt vint presque immédiatement dissiper tous les doutes. Les dépêches expédiées de Paris le 8 février se croisèrent avec un nouveau courrier envoyé par l'ambassadeur; il apportait la réponse définitive de la Russie, et cette réponse équivalait à un refus. L'Impératrice mère avait fini par déclarer expressément, sans que son fils essayât de contraindre sa volonté, qu'elle ne saurait consentir au mariage que dans deux ans, vu l'extrême jeunesse de sa fille. Or, répondre à un prétendant pressé de se marier que l'on ne saurait lui accorder que dans deux ans l'objet de ses vœux, n'est-ce point l'éconduire avec des formes? Et l'empereur Alexandre interprétait si bien comme un dénouement négatif la décision maternelle qu'il avait cru devoir, en la transmettant à Caulaincourt, l'accompagner du commentaire le plus décourageant : il avait émis le vœu que l'on en restât là, que l'on s'épargnât des tentatives désormais

inutiles, et il avait eu soin de clore l'entretien par ces assurances
banales, ces regrets obligés, qui sont, en pareil cas, l'accompa-
gnement ordinaire et aussi la confirmation d'une rupture.

L'Empereur ayant insisté avec force et exigé une réponse, écrivait
l'ambassadeur le 5 février, j'ai l'honneur de rendre compte à Votre
Excellence de ce qu'il m'a dit le 4. L'âge est le seul obstacle que l'Impératrice mère trouve au mariage. L'exemple malheureux de ses
deux filles aînées fait qu'elle ne pourrait y consentir que dans deux
ans. Mademoiselle la grande-duchesse Anne ne pourrait, comme ses
sœurs Marie et Catherine, se marier avant dix-huit ans. — L'Impératrice est flattée de cette idée, m'a dit encore l'Empereur, mais aucune
raison n'a pu la déterminer à passer sur la crainte d'exposer la vie
de sa fille en la mariant plus tôt. L'empereur Alexandre ajouta que
l'Impératrice ignorait comme tout le monde que l'empereur Napoléon
eût eu la pensée de ce mariage, qu'il avait fait tout en son nom comme
il me l'avait promis, que, voyant qu'on ne pouvait changer cette résolution maternelle, il n'avait pas été plus loin, l'empereur Napoléon
ni lui n'étant pas faits pour recevoir de grâce, que par amour-propre
pour les deux Empereurs il ne fallait donc pas insister sur une chose
qu'on voudrait leur faire passer pour une faveur et qui ne pourrait
en être une que pour la jeune personne. Je répète à Votre Excellence
les propres paroles de l'Empereur; il ajouta que l'alliance comme
l'amitié avait été franche et intime sans cela, qu'il espérait que cette
difficulté n'y changerait rien : que de son côté il n'avait besoin d'aucun nouveau lien pour tenir à Sa Majesté, qu'il regrettait que cela
n'ait pu s'arranger comme on le désirait, comme il le voulait, parce
que cette union aurait plus que toute autre chose prouvé à l'Angleterre que l'alliance était indissoluble et que la paix de l'Europe ne
pouvait plus être troublée. Il ajouta encore que Sa Majesté était pres-
sée et devait l'être, qu'ayant annoncé à l'Europe qu'elle voulait des
enfants, elle ne pouvait ni ne devait attendre, qu'il regrettait de n'avoir
que des vœux pour son bonheur à lui offrir, que, n'ayant pu lui donner comme garantie de son amitié une de ses sœurs, il élèverait ses
frères dans les sentiments de l'alliance et des intérêts communs des
deux États.

Dans de longs entretiens qui avaient précédé et suivi cette
communication, Caulaincourt avait tout tenté pour déterminer
Alexandre à forcer le consentement de sa mère, à parler en maître :
« J'avais fortement chauffé l'empereur, écrivait-il, entre mes dif-

férents courriers et depuis encore[1]. » Sûr de l'estime et de l'attachement du monarque, il lui avait tenu un langage hardi, extrêmement vif, avait été jusqu'à lui faire honte de sa faiblesse et de l'espèce d'assujettissement où le tenait sa mère : tous ses efforts avaient échoué devant une résistance amicale et passive.

Je partis de ce principe, écrivait-il le 18 février, que, lui voulant le mariage comme une chose d'État avantageuse à la Russie, tranquillisante pour l'Europe, effrayante pour l'Angleterre, enfin comme une chose qui plaît à sa nation autant qu'au sentiment qu'il portait à l'Empereur mon maître, il devait avoir assez de caractère pour l'ordonner. Je prouvai à l'Empereur, qui en convint, que c'était une question d'État plus que de famille. « Votre mère, lui dis-je, ne vous forcerait pas à déclarer la guerre à quelqu'un? — Non, sûrement, répondit l'Empereur. — Peut-elle donc vous empêcher de cimenter la plus grande, la plus utile alliance qui ait existé? Si c'est une chose politique, utile, avantageuse même, pouvez-vous, comme souverain, mettre dans la balance l'humeur d'une mère pendant 48 heures avec le bien du monde? Est-ce ne rien pouvoir sur Votre Majesté que l'empêcher de faire la chose qui amènerait à la paix, qui serait la clef de la voûte et qui donnerait le bonheur à votre allié? Il faut que l'Impératrice soit une puissance bien plus formidable, bien plus imposante que la France et la Russie ensemble, puisque son caprice balance les intérêts de l'une et de l'autre. » Cela a fait effet et préparé à des démarches plus prononcées, si on me les ordonne, mais ne détermine pas encore l'Empereur à prendre un autre ton..... « Si l'empereur Napoléon, continua-t-il, avait préparé la chose un peu d'avance et donné plus de temps, tout cela eût été tout différemment..... Dans ma position, que dire à ma mère qui pleure encore deux filles qu'elle a perdues pour avoir été mariées trop jeunes? Ma sœur serait sans doute trop heureuse, cette destinée peut-elle se comparer à rien de ce qui existe ailleurs, à aucun des sots mariages qu'ont faits les autres? Comme vous, je sens ces avantages, je les sens comme Russe et aussi comme souverain. Vu l'âge de ma sœur et l'esprit récalcitrant de ma mère, je vous le répète avec le sentiment de ce qui est dû à la dignité et à la majesté du trône, de ce que je dois de plus à la confiance et à l'amitié de l'empereur Napoléon, et aussi avec la franchise que je mets dans mes conversations avec vous, parce que je vous regarde comme un ami qui a trop de tact pour ne pas donner à ma franchise

1. Caulaincourt à Champagny, 18 février 1810.

le caractère que doit avoir dans des rapports la conversation confidentielle d'un souverain, je vous le répète donc, vu l'obstacle de l'âge,
je pense que ce serait humilier l'Empereur et moi que de faire dans
ce moment une demande à ma mère pour changer sa détermination.
Sa vanité en serait flattée, elle en tirerait avantage sans qu'on obtint
rien. Il m'a paru que l'Empereur était convaincu que toute démarche
serait vaine..... » Voilà, monsieur le duc, la situation des choses. On
a tort, sans doute, quand on ne réussit pas dans une affaire de cette
importance, mais j'ai pour moi la conscience qu'il n'était pas possible de faire plus. »

Ainsi, la perspicacité de Napoléon ne l'avait pas trompé; le
parti russe lui avait échappé deux jours avant qu'il y renonçât
définitivement lui-même, et, lorsqu'il avait choisi la fille de François II, il n'avait point la faculté d'épouser la sœur d'Alexandre.
Dans l'expression de ses sentiments et de ses regrets, le tsar
était-il de bonne foi? Eût-il désiré le mariage et s'était-il incliné
avec peine devant les répugnances et les angoisses d'une mère?
Au contraire, la résistance de Marie Féodorovna n'était-elle qu'un
jeu concerté avec son fils? Il est permis de pencher pour cette
hypothèse : on ne saurait l'admettre avec certitude. La lecture et
la comparaison des documents ne suffisent pas toujours à donner
cette seconde vue rétrospective qui permet de pénétrer le fond des
âmes et d'y découvrir le mobile intime des actions. Dans tous les
cas, l'attitude finale de la Russie dément l'explication généralement
donnée de ses lenteurs premières. On a cru que cette cour, sans
rejeter de parti pris le projet, voulait faire de son consentement le
prix de certains avantages politiques. Le 4 janvier 1810, Caulaincourt avait signé avec Roumantsof la convention relative à la
Pologne ; les termes en étaient accablants pour cette nation, très
favorables à la Russie : les deux empereurs se fussent respective-
ment garanti « que la Pologne ne serait jamais rétabli[1]. » Le
lendemain, cet acte avait été expédié à Paris[2], il était présente-
ment soumis à la ratification de l'empereur. Alexandre, en suspen-
dant sa réponse à la demande en mariage, en se faisant prier,
n'eût eu d'autre but que de peser sur les déterminations de son

---

1. Le texte de la convention figure dans la *Correspondance de Napoléon*,
t. XX, p. 171 et 172, en note.
2. Caulaincourt à Champigny, 6 janvier 1810.

allié et de lui arracher, en échange de la main de la grande-duchesse, l'arrêt de mort définitif de la Pologne. Ses dernières conversations avec Caulaincourt, tenues à une époque où l'on ignorait encore si la convention serait ou non ratifiée[1], ne laissent plus de place à cette hypothèse. Si le tsar eût lié les deux questions, celle de la Pologne et celle du mariage, il eût attendu que Napoléon eût pris parti sur la première pour trancher lui-même la seconde ; sans satisfaire immédiatement nos espérances, il les eût entretenues jusqu'au bout et ne les eût pas à la fin découragées ; il eût prolongé, ralenti la négociation, il ne l'eût pas rompue.

L'échec du projet de mariage contribua à altérer les rapports entre les deux empereurs et précipita leur brouille. On a vu combien les procédés employés par la Russie pour refuser, plus encore que le refus, avaient piqué l'empereur et fait à son orgueil une cuisante blessure. Il avait accordé au tsar quarante-huit heures de réflexion ; Alexandre avait demandé vingt jours et en avait pris près de quarante, pour aboutir à une fin de non recevoir ; par cette conduite, dépourvue assurément de netteté et de franchise, Napoléon se sentit confirmé dans son jugement sur le caractère d'Alexandre et se crut obligé plus que jamais de se mettre en garde contre une politique déloyale. D'autre part, si la Russie avait à s'imputer la responsabilité tout entière de l'insuccès, s'il n'eût tenu qu'à elle, en somme, de placer l'une de ces princesses sur le trône de France, la conduite de Napoléon envers elle n'avait pas été correcte jusqu'au bout. Alexandre n'échappait pas à la réflexion suivante : si, s'autorisant de la demande en bonne forme transmise par Caulaincourt, il eût insisté plus sérieusement ou plus vivement auprès de sa mère, si la Russie enfin, après quelques semaines d'hésitation, eût prononcé son consentement au lieu de déguiser un refus, sa réponse n'en eût pas moins trouvé le mariage autrichien déjà conclu ; dans quelle position fausse et pénible cet événement n'eût-il point placé la jeune princesse, sa famille, la cour impériale ; en s'éloignant à l'improviste, sans prévenir, Napoléon n'avait-il pas singulièrement exposé la dignité d'un allié ? Il se trouvait donc que les deux empereurs s'étaient mis en quelque manière dans leur tort ;

---

1. Ce fut seulement le 6 février que Napoléon prit le parti de ne point ratifier le projet et de lui en substituer un autre. *Corr.*, 16178. Cette résolution ne fut notifiée à Pétersbourg qu'à la fin du mois.

chacun pouvait adresser à l'autre des reproches justifiés. Sans
se plaindre ouvertement, Alexandre ne s'épargna point des
remarques où perçait quelque humeur. « Il est cependant heureux, » dit-il à Caulaincourt, « que l'âge de ma sœur nous ait
arrêtés ici ; si je ne m'étais pas borné à parler du projet de mariage
en mon nom et comme d'une chose où vous n'entriez en rien, où
en serions-nous ? » Et il répéta plusieurs fois « qu'il était évident
que nous traitions de deux côtés[1]. » Napoléon fournit réponse à
Caulaincourt dans une instruction courroucée ; à part quelques
exagérations, il y rétablissait la vérité des faits, mais, pour se
mieux justifier, accusait, accablait la Russie. « L'empereur me
méconnaît, » disait-il, « lorsqu'il pense qu'il y a eu double négociation..... ; ce n'est que quand il a été clair que l'empereur
n'était pas le maître dans sa famille et qu'il ne tenait pas les pro-
messes faites à Erfurt que l'on a négocié avec l'Autriche, négociation qui a été commencée et terminée en vingt-quatre heures[2]. »
De telles communications, quelque atténuées qu'elles fussent par
l'ambassadeur, n'étaient point pour rétablir l'aménité des rapports, et l'aigreur personnelle qui se manifestait entre les deux
souverains allait envenimer leurs différends politiques.

Au reste, sous quelque point de vue qu'on l'envisage, la substi-
tution du mariage autrichien au mariage russe fut un fait grave,
fécond en conséquences ; dans cette tragique époque, c'est l'une des
péripéties décisives et de celles qui mènent au dénouement. Son
importance résulte particulièrement de la signification qui lui fut
attribuée dans les trois cours intéressées. A Vienne, on triompha :
on crut avoir racheté la monarchie au prix d'une archiduchesse,
et, l'ambition renaissant avec la confiance, on se flatta, par ce
coup de maître, d'avoir ravi à la Russie l'alliance de Napoléon[3].

---

1. Caulaincourt à Champagny, 26 février 1810. Cité par Lefebvre, *Histoire des
cabinets de l'Europe*, V, 19.

2. *Corr.*, 16341. Napoléon s'expliqua dans le même sens avec l'ambassadeur
Kourakine. (*Archives russes*, 1, p. 17.)

3. Le 16 février, quand la nouvelle fut officiellement connue à Vienne, Otto
écrivait : « J'ai été assiégé dès quatre heures du soir d'un grand nombre de
curieux, disant que toute la ville était instruite, que tout le monde se félicitait,
qu'on embrassait dans la société les officiers français qui sont encore ici et que
l'ivresse était générale ; faites en sorte, dit-on à nos officiers, que nous puissions
nous battre à côté de vous ; vous nous en trouverez dignes. » Archives des
affaires étrangères, Vienne, 1810.

A Pétersbourg, les cercles officiels et mondains, très hostiles à la France, n'en désiraient pas moins le mariage avec la grande-duchesse, parce qu'il eût satisfait l'amour-propre national et promis à l'empire de grands avantages. Mal instruits des responsabilités respectives, ils pensèrent que la préférence donnée à l'Autriche avait été chez Napoléon toute volontaire et spontanée, qu'elle attestait une révolution de sa politique, qu'elle formait la contre-partie de Tilsit et impliquait une arrière-pensée d'offensive contre l'alliée de la veille. Le rejet par l'empereur de la convention relative à la Pologne dans les termes où elle avait été formulée par le cabinet de Saint-Pétersbourg, éclatant presque aussitôt, fortifia cette opinion par une coïncidence fortuite et l'imposa de plus en plus au gouvernement; la Russie se crut menacée dans ses intérêts essentiels, dans sa sécurité, chercha de son côté à se procurer des auxiliaires, à nous retrouver des ennemis, se remit en posture de défense et de combat[1]. Napoléon lui-même s'imagina avoir conquis l'Autriche avec l'archiduchesse; sans rechercher immédiatement cette puissance, il la jugea désormais à sa dévotion et, se croyant assuré de son concours quand il lui plairait de le requérir, se sentit moins porté à ménager la Russie, plus disposé à risquer de suprêmes et colossales aventures. Si le résultat de la négociation matrimoniale ne détermina point par lui-même le revirement de sa politique, il le prépara, en paraissant le faciliter, en le faisant supposer par avance, et les premiers jours de février 1810 marquent le point de partage entre deux périodes distinctes : dans la première,

1. Otto écrivait de Vienne le 19 février : « Les coteries russes sont les seules qui ne prennent aucune part à ces réjouissances (en l'honneur du mariage). La première nouvelle étant arrivée à un bal donné dans une maison russe, les violons ont cessé de suite, et beaucoup de gens se sont retirés avant le souper. Je dois remarquer aussi que le comte Schouvalof (ambassadeur de Russie) n'est pas venu me complimenter. » Archives des affaires étrangères. Vienne, 1810. L'ambassadeur de Russie écrivait plus tard à son gouvernement, en parlant de Metternich : « Le ministre qui, en faisant le mariage, a pu s'écrier : *La monarchie est sauvée*, » qui, au déjeuner chez M. Regnaud de Saint-Jean-d'Angely, à la suite de la célébration du mariage de l'Impératrice Marie-Louise à Paris, a pu sans provocation porter une santé au futur roi de Rome (en dépit du souvenir pour tout Autrichien du titre de roi des Romains), ce ministre, dis-je, doit nécessairement, pour être conséquent, chercher à entraîner son maître dans l'alliance du gouvernement français. » 15/27 novembre 1810. Archives de Saint-Pétersbourg. La publication récente des *Souvenirs du baron de Barante* confirme l'anecdote du toast porté par Metternich pendant les fêtes du mariage.

malgré ses défiances croissantes, Napoléon cherche encore à se concilier la Russie et à prendre sur elle son point d'appui ; dans la seconde, il se laisse dériver vers le système fatal qui devait lui faire précipiter sur le chemin de Moscou l'Europe rassemblée sous sa main. Certes, on ne saurait voir dans le mariage avec Marie-Louise la cause première et principale de la rupture de 1812 ; il n'en tient pas moins une place importante dans l'ensemble d'événements qui devaient entraîner Napoléon au fond de la Russie et y engloutir sa fortune. Le 2 avril 1810, quand la jeune impératrice entrait dans Paris aux côtés du triomphateur qui la considérait comme sa plus précieuse conquête, le monde se courbait dans une attitude d'adoration, et les hommages que l'on rendait à Napoléon, trop souvent serviles et contraints, redevenaient pour cette fois sincères et spontanés. Après avoir cru à la continuité fatale de la guerre, on se reprenait à l'espoir d'une ère meilleure : on saluait en Marie-Louise le gage de la paix, la garantie de l'avenir, le signe de la réconciliation entre la France et l'Europe. L'histoire ne saurait partager cette illusion : dans la victoire pacifique de 1810, elle découvre le germe de nouvelles luttes, d'irréparables désastres, et l'horizon lui apparaît sinistre à travers les splendeurs de cette apothéose.

Nogent-le-Rotrou, imprimerie DAUPELEY-GOUVERNEUR.

APPENDICE.

Sur le mariage de l'empereur. 1ᵉʳ février 1810.

Par PELLENC [1].

Je n'aurois pas osé parler du conseil extraordinaire qui a été convoqué samedi ou dimanche dernier, et encore moins de ce qui en a fait l'objet. Mais, à mon grand étonnement, la tenue de ce conseil, d'une nature assez secrète, forme, depuis trois jours, l'entretien d'un assez grand nombre de sociétés. On cite les personnes qui ont eu l'honneur d'y être appelées, les noms que le duc de Cadore a fait passer en revue, l'opinion du roi de Naples et celle du vice-roi, quelques mots dits par Sa Majesté sur ces deux opinions, celle de Mgr le cardinal et le langage qu'a tenu M. de Fontanes.

La réflexion de Mgr le cardinal relativement à la Russie pourroit être présentée dans un autre sens qu'il ne l'a fait et mériteroit alors attention. Ce mariage ne seroit pas dans nos mœurs. Une partie de l'Europe et surtout la France ne regardent encore la Russie que comme une puissance asiatique. La différence de religion donneroit aussi quelque embarras; il y a sans doute une église grecque à Paris, mais l'empereur lui-même a dit, dans une occasion, que le chef de l'État en France devoit être de la religion catholique.

En examinant ce sujet sous le rapport de l'opinion publique, on est porté à croire que le choix d'une princesse russe plairoit beaucoup moins qu'un autre. Cette nation, dont la cour seule a de l'éclat, n'est pas encore au nombre des États civilisés; le trône y est exposé aux plus sanglantes révolutions; on n'estime pas en France le caractère russe tout à la fois remuant, audacieux et faux; et l'on craindroit de voir Paris inondé de ces demi-barbares qui, malgré leurs richesses,

---

1. Nous croyons devoir donner la plus grande partie de ce mémoire, parce qu'il exprime l'opinion d'une portion de la société française sur le mariage russe en 1810. Il paraît aussi avoir fourni à l'empereur les premiers renseignements qui lui aient été communiqués, au moins par écrit, sur la personne de l'archiduchesse Marie-Louise.

n'ont aucun point de contact avec nos goûts, notre esprit, nos penchants, et surtout avec l'aménité de nos mœurs.

La politique, en examinant le même sujet, trouveroit des inconvénients d'un autre genre. Notre alliance avec la Russie, si l'on met de côté les circonstances présentes, nous est assez inutile. Quel parti la France pourroit-elle tirer d'une puissance qui se morfond depuis un demi-siècle pour conquérir la Moldavie et la Valachie? On ne peut pas même compter sur la durée de cette alliance; c'est plutôt avec l'Angleterre qu'avec nous que la situation géographique de la Russie, ses productions et ses besoins lui font une nécessité de s'unir; aussi nos partisans dans cet empire se bornent à l'empereur Alexandre et à son premier ministre, dont la bonne foi même est assez douteuse; et la nation entière est notre ennemie. Enfin, cette alliance seroit un embarras dans une foule de projets qu'attend l'avenir et qu'indique une sage politique, savoir l'agrandissement du duché de Varsovie et le reculement de la Russie en Asie; sans compter même l'inconvénient d'épouser une princesse dont on peut apprendre à chaque instant que le frère vient d'être détrôné.

Un choix parmi les princesses du second rang conviendroit mieux que celui-là sous une foule de rapports; et, quoique la plupart de ces princesses soient de la religion luthérienne, l'importance que la France attache à ce mariage et les fruits précieux qu'elle espère en recueillir rendroient cet inconvénient peu sensible. La politique, il est vrai, feroit une objection plus forte. La France, avide de toute sorte de gloire, même de celle dont elle n'a pas besoin, verroit avec plaisir qu'un mariage pût contribuer, en quelque sorte, à vieillir d'un seul coup une dynastie qu'elle chérit en l'unissant aux anciennes dynasties de l'Europe; et je ne m'étonne pas que cette considération, sans être décisive dans une affaire de cette nature, ait cependant fait jeter les yeux sur la princesse Louise d'Autriche.

Sa qualité de petite-fille de la reine de Naples ne pourroit pas être un inconvénient bien considérable, elle avoit à peine sept à huit ans lorsqu'elle a vu cette reine à Vienne. Sa qualité de petite-nièce de la dernière reine de France auroit un certain avantage: il y a encore en France un grand nombre de personnes qui ne voient dans les choses humaines que l'accomplissement des desseins de la Providence; et, d'après cette manière de voir, la place que prendroit cette princesse sur un trône où sa tante fit naufrage paroîtroit une de ces compensations que le ciel prépare dans ses décrets quand il lui plaît de réconcilier les époques de sa sévérité avec celles de sa bienveillance.

Les qualités personnelles de la princesse Louise auroient-elles de quoi fixer le choix de Sa Majesté? Voilà le seul point véritablement important. Cette archiduchesse étoit encore, il y a huit mois, très mince de corps et fort peu au-dessus de la taille moyenne des femmes. On se rappelle, il est vrai, que la dernière reine de France grandit fort tard et grossit beaucoup après son mariage. Elle a, dans un degré remarquable, l'éclat du teint allemand. Ses traits sont réguliers, son visage est ovale, ses cheveux entre le châtain clair et le blond, ses yeux bleus et très beaux, et son regard est encore plus beau que ses yeux ; elle a sur un teint blanc des couleurs très vives, mais d'un incarnat quelquefois peu fondu ; et c'est encore un défaut qu'avoit eu la reine de France dans sa jeunesse. Ses épaules sont peu effacées et semblent annoncer une constitution forte ; elle marche très bien ; elle a cependant plus de noblesse que de grâce et s'habille sans goût. On n'a guère parlé de son esprit ni en bien ni en mal.....

(Archives nationales, Secrétairie d'État, A. F. IV, 1675.)

Nogent-le-Rotrou, Imprimerie DAUPELEY-GOUVERNEUR.

Documents manquants (pages, cahiers...)
NF Z 43-120-13

www.ingramcontent.com/pod-product-compliance
Lightning Source LLC
LaVergne TN
LVHW010327030726
842520LV00004B/1306